Spannende Kurzgeschichten

Western, Mystik und Fabeln

Der Autor:

Zur Person Stephan Sauter:

Stephan ist Jahrgang 1962, geboren in Johannesburg, Südafrika. Seine ersten Lebensjahre verbrachte er dort. Nach Rückkehr seiner Eltern nach Deutschland, setzte er seine schulische Ausbildung bis zur mittleren Reife fort.

Danach trat er dem damaligen Bundesgrenzschutz bei und wechselte später in den Sicherheitsdienst.

Stephan lebt heute im hessischen Wetteraukreis.

Spannende Kurzgeschichten

Western, Mystik und Fabeln

ausgedacht von

Stephan „Wes“ Sauter

Anm.: Die Geschichten und Handlungen sind frei erfunden...

Ähnlichkeiten mit Personen sind rein zufällig und sind nicht beabsichtigt. Die Geschichten beschreiben lediglich ein Vorgehen, was möglich gewesen wäre. Die moralische Beurteilung und die persönliche Meinung dazu bleiben jedem selbst überlassen.

Impressum

Copyright: Stephan Sauter
Erste Auflage: Mai 2021

ISBN: 9789403618784

Redigiert: Dr. Dieter Sauter
Lektorat: Ilona Sauter
Fotos: Stephan Sauter
Covergestaltung: Ilona Sauter

Verlagsportal: Bookmundo.de
Gedruckt in Deutschland

Die Deutsche Nationalbibliothek verzeichnet diese Publikation in der Deutschen Nationalbibliografie; detaillierte bibliografische Daten sind im Internet über dnb.dnb.de abrufbar.

VORWORT

Seit einigen Jahren nun schon schickt Stephan mir, seinem Vater, seine Kurzgeschichten per Mail zu. Ich speicherte diese in einem separaten Ordner auf meinem Computer. Oft habe ich sie gar nicht gelesen! Inzwischen wurden es aber so viele, dass ich es mir kürzlich mal vornahm, sie zu lesen.

Ich war doch sehr erstaunt, über die Feinfühligkeit, die Innigkeit und die Bildhaftigkeit der Erzählungen. So ganz anders, als er eigentlich selbst scheint. Doch bleibt nicht verborgen, dass in diesen Kurzgeschichten augenscheinlich auch etwas von seinem eigenen Inneren enthalten ist.

Besonders die Western Geschichten, die er unter dem Namen "Wes" in seinen Chats darbietet, sind so echt beschrieben, als wäre er selbst dabei gewesen - sicherlich auch inspiriert durch seinen ca. einjährigen Aufenthalt mit uns, seinen Eltern und seinem jüngeren Bruder Dominic in North Dakota, USA in den 1980iger Jahren mit Abstechern nach Wyoming, Montana und South Dakota.

Seine mystischen Erzählungen und Lebensgeschichten enthalten meist eine Botschaft und regen vielfach zum Nachdenken an.

Seine Tierfabeln halten uns einen Spiegel vor Augen und sind voll von Wahrheiten.

Mit Hilfe meiner Schwiegertochter Ilona, die doch mehr PC-firm ist, als ich, möchte ich diese gefühlvollen Geschichten auch anderen Lesern nahe bringen.

Ich wünsche Ihnen viel Freude daran!

Dr. Dieter Sauter

Nidderau - Ostheim im Mai 2021

Foto: Stephan Sauter (Auf einer Farm in Beulah, North Dakota)

Foto: Stephan Sauter (Im Yellowstone Nationalpark)

INHALT

1. Kapitel

Western

Foto: Stephan Sauter (Am Highway in Wyoming)

Die Western Geschichten, die Stephan unter dem Namen "Wes" in seinen Chats darbietet, sind so echt beschrieben, als wäre er selbst dabei gewesen - sicherlich auch inspiriert durch seinen ca. einjährigen Aufenthalt mit seinen Eltern und seinem jüngeren Bruder Dominic in North Dakota, USA in den 1980iger Jahren mit Abstechern nach Wyoming, Montana und South Dakota.

1.1 **Der Schneesturm**

Müde und vom Schneesturm halb eingefroren, ritt ich langsam in diese kleine verschlafene Town am Fusse des Snake Mountains. Ich war lange unterwegs gewesen und suchte nun ein wenig Wärme und Geborgenheit. Die kleinen Eiskristalle wirbelten um meinen wuschigen Bart und meine Augen schmerzten vom Schnee. Müde und erschöpft stieg ich vom Pferd und klopfte an die erste Tür. Doch es geschah nichts. Ich ging an die zweite Tür - ein nettes Haus mit Vorgarten - ich klopfte an. Eine barsche Stimme verlangte von mir zu verschwinden, Landstreicher wären unerwünscht.

Verwirrt und mit gemischten Gefühlen ging ich ein Haus weiter. Der Schneesturm wurde stärker und die Sicht trübe. Heulend zogen sich kleine Schneewirbel um die Häuser herum. Ich stand vor der Tür, ich wollte nur ein wenig Essen und ein warmes Plätzchen, einen Ort wo ich ein wenig ausruhen durfte. Ich klopfte erneut an. Es wurde geöffnet und eine Frau blickte mich 10 Sekunden lang an. Ich lächelte höflich, aber sie sah nur den halb verwilderten Satteltramp vor sich und schlug die Tür zu. So langsam bekam ich ein wenig Wut und Enttäuschung.

Man könnte mir doch wenigstens mal Gelegenheit geben, mich vorzustellen oder fragen, wer ich bin? Ich musste einen Platz finden. Der Sturm war bitterkalt und meine Haut bereits halb taub. Ich ging an die nächste Tür. Ich war bereit zu sterben in dieser Kälte. Ich versprach mir nichts mehr. Zaghaft klopfte ich an und wartete.

Die Tür öffnete sich und ein Duft von Ahornsirup und Gebäck stieg in meine Nase. Ich hörte Kindergeschrei im Haus und die Frau stand vor mir; der kalte Wind wehte ihr goldenes Haar hin und her. Sie lachte mich unbefangen an. Ihre Augen strahlten eine mir so ungewohnte Wärme aus.

Ich brauchte seit diesem Tag nie wieder an eine Tür anzuklopfen, denn sie war eine gute Frau und ich genoss jede Stunde in ihrer Nähe. Ich war bereit damals aufzugeben. Ja, ich war bereit mein Schicksal hinzunehmen, doch das Schicksal hatte andere Pläne mit mir.

Niemals dachte ich damals daran, dass so eine Wende in meinem Leben einkehrt.

Tja, vieles wird im Leben vorschnell abgetan, aber auch in einem verlausten, halb erfrorenen Cowboy steckt ein Herz. Ein Herz, das schlägt und ein Herz, was den Menschen zu dem macht, was er ist:

Ein Wesen mit Gefühlen und Emotionen.

- Ende -

1.2 Die Tochter des Ranchers

Wir schreiben das Jahr 1845 in Old Kentucky...

Damals gab es eine große Pferderanch, die größte im ganzen County.... sie gehörte Big Jason Hunter. Jason hatte eine schöne Tochter, die Pferde über alles liebte. Sie hieß Cindy und ihr Leben gehörte den Trabern. Cindy hatte einen eigenen Stall, wo sie sorgfältig eine kleine Auswahl ihrer Lieblinge pflegte und ausritt. Da war als erstes Thunder, ein schöner heller Falbe, eigen in seiner Art und wild wie der Donner. Sie mochte ihn sehr. Dann war noch Lightning, dieser war mehr ein ruhiges Pferd, sensibel aber auf ihn war Verlass. Er war ein dunkelbrauner Arapaho Hengst und sah auch schön aus. Auch ihn mochte sie sehr.

In einigem Abstand stand da noch Fox in der Box. Es war ein dunkles Armee Pferd, das sie vor langer Zeit erworben hatte. Er tat ihr leid damals - er sah so traurig aus. Ihn mochte sie am meisten, er bekam immer extra Karotten und Hafer. Er war sehr anschmiegsam und gehorchte auf jeden Schenkeldruck und Zügelruck. Fox konnte Thunder und Lighting in der Box sehen, aber Thunder und Lighting sich selber nicht, da sie weit getrennt standen.

Dennoch sahen sie Cindy immer mit Leckerlis in den Stall kommen... doch sie bekamen keine. Eines späten Abends als ein starkes Gewitter Cindy überraschte, flüchtete sie schnell ins Ranchhaus. Sie war gerade dabei, Thunder mal wieder auszureiten, was sie nicht oft tat. Der alte Joseph, ein langjähriger Rancharbeiter, stellte Thunder in seiner Unwissenheit direkt neben Lightning in eine Box und so kam es, dass Thunder und Lightning die ganze Nacht Zeit hatten zu reden. Fox sah es auch, und es behagte ihm nicht so. Als der Morgen dämmerte, schlug Thunder die hölzerne Wand von seiner Box mit den Hufen ein und trabte langsam zu der großen Koppel, wo so viele andere Pferde standen, die Cindy mal hatte. Lightning wusste nicht, was er machen sollte... und so ging er einfach mal mit. Fox gefiel es sehr, dass beide gingen, denn so bekam er noch mehr Leckerlis, noch mehr Aufmerksamkeit, noch mehr Zuneigung. Cindy ärgerte sich über Thunder und Lightning und ritt nur noch mit Fox ihren Weg. Doch eines Tages stand plötzlich Panther in der Box neben Fox. Er war ein großer schwarzer Rappe... edel im Blut und viel schöner als Fox. Cindy kam wie immer morgens in den Stall mit ihrem Körbchen mit Karotten und kleinen Extras.

Doch diesmal ging sie an Fox vorbei und gab Panther die Extras. Fox bekam nichts davon. Traurig schaute Fox zu, wie Cindy mit Panther schmuste und ihn liebkoste. Die späteren Tage ritt sie nur mit Panther aus. Eines Tages nahm sie dann mal wieder Fox zum Ausritt. Doch Fox war sauer auf sie und bäumte sich auf und schmiss sie aus dem Sattel. Fox wurde zu den anderen auf die große Koppel gestellt - er hatte verloren.

Eine geraume Zeit genoss Panther sein Privileg... oh ja, er bekam schon mit, dass viele Pferde auf der Koppel waren... doch es war ihm egal..., bis er eines Tages an der Koppel stehen blieb und die anderen Pferde ansprach. Als er fertig war... ging er seines Weges.

Cindy schlug die Hände vor's Gesicht und weinte als Panther nicht mehr auftauchte. Doch dann erinnerte sie sich, dass ja noch Thunder und Lightning da waren und Fox und so viele mehr.

Und so ging sie zu der Koppel... wieder mit ihrem Körbchen voller Leckerlis. Sie stellte sie in die Koppel und auch einen großen Eimer mit frischem Quellwasser, doch die Pferde in der Koppel wandten sich ab und berührten nichts davon. In einiger Entfernung stand Panther auf einem Berg und schaute zu. Er wusste, warum die Pferde nichts fraßen. Cindy setzte sich auf die Bank an der Koppel und begann bitterlich zu weinen. Sie mochte doch alle - warum waren sie denn so abweisend zu ihr?

Der alte Joseph kam langsam an sie heran und legte väterlich seine Arme um ihre schmalen Schultern. Sie blickte ihn mit ihren großen verweinten Augen fragend an. Er schüttelte langsam den Kopf und sprach mit seiner langsamen tiefen Baßstimme: „Meine liebe Cindy, die Pferde sind treue Wesen... sehr treue Wesen und sie sind sensibel und sie vergessen nichts. Nur mit ehrlicher Liebe und wahren Worten wirst du in Ihnen ein Freund finden. Sag ihnen, dass du sie magst... aber sag ihnen auch, wen du liebst... sie werden es verstehen. Aber bevorzuge niemals ein Pferd und behandel alle gleich, nur so werden sie dir dankbar und ein guter Freund sein."

Cindy blieb die ganze Nacht an der Koppel und sprach und sprach... sie sprach nur Wahres und sie war ehrlich. Als sie am nebligen Morgen aufwachte an der Koppel, war das Körbchen mit Leckerlis leer und auch das Quellwasser war getrunken worden. Thunder und Lightning waren wieder in ihrer Stallbox und auch Fox war dort... sie standen jetzt alle nebeneinander und konnten sich gut sehen.

Im Laufe des Tages kam auch Panther zu ihnen in den Stall und gesellte sich zu ihnen. Die anderen Pferde auf der Koppel verstanden es und sie wieherten Cindy jetzt zur Begrüßung zu, wenn sie an ihnen vorbei lief in den Stall. Cindy wusste jetzt, worauf es ankommt im Leben... ja sie weiß, dass Ehrlichkeit und Offenheit und Gleichbehandlung die Zauberworte waren.

Aber leider wusste sie es erst als Joseph ihr die Augen öffnete... aber sie wusste es jetzt und vergaß es nie mehr in ihrem Leben. Und sie bekam immer mehr Pferde, die sie mochte. Ja und auch die Pferde mochten sie, denn sie behandelte alle gleich und die anderen Pferde verstanden sehr gut, dass es ein paar Pferde gab, die für sie doch noch etwas wichtiger sind... aber nur etwas.

- Ende -

1.3 Damals in Ohio

Jason saß auf dem Hügel und kaute an einem Grashalm. Leichte Wolkengrüppchen kreisten am Himmel und von Westen zog ein warmer Wind durch das Tal.

Das Präriegras wuchs prächtig nach dem kalten Winter und man sah die Natur erwachen. Jason sah, wie die Bisonkälber herumsprangen, er beobachte, wie einige Rehe fangen spielten. Weit oben zog ein Pärchen Falken ihre Kreise. Sanft plätscherte der nahe Bach sein Lied vom Frühling und die Bäume bogen sich im Rhythmus der aufkommenden Wärme. Eigentlich war die Welt in Ordnung, doch war sie das für Jason wirklich?

Irgendwas passte Jason nicht, war es jetzt die Tatsache, dass eben alles in Ordnung schien oder war es etwas, was in dieses Bild nicht hinein passte? Oftmals überlegte sich Jason, woran es liegen könnte, seine Laune, seine Unzufriedenheit. Er kam oft an diesen Ort, der kleine Hügel mit weichem Gras bewachsen. Langsam legte er sich zurück und versuchte, aus den Wolken irgendwelche Bilder zu sehen. Die Wolken, ständig verändern sie sich, nie blieben sie gleich, doch der Himmel ist immer derselbe.

Jason kam eine Art Erleuchtung, ja so könnte man es nennen. Nicht das Leben sollte verändert werden, sondern das, was man darin tut. Jeder könnte eine Wolke am großen Himmel sein, jeder könnte sich verändern oder sich verbinden und ein neues Bild erschaffen.

Die Wolken, die Natur zeigten ihm den Weg. Sie können sich verändern, bis hin zum Sturm oder friedlich am Himmel ihre Existenz führen.

Vielleicht sollte man sich vorstellen, wie eine Wolke zu sein...
- Ende -

1.4 **Der Plan**

Danny King und Randy Trailor waren seit ihrer Geburt Feinde. Schon ihm Babyalter gab es die ersten Bisse und Hiebe. Später wurde sich geprügelt, wann immer es eine Gelegenheit dazu gab. Yeah, sie hassten sich... abgrundtief.

Im Laufe der Jahre bauten sich die beiden Feinde ein kleines Rinderimperium auf. Danny wie auch Randy waren gut im Geschäft, doch es reichte Danny nicht, was er besaß. Immer wieder versuchte er, Randy zu schaden. Mal wurde ein Brunnen vergiftet, das andere Mal ein Versorgungsbach trocken gelegt. Ja, er wollte Randy fertig machen.

Das ging dann so einige Jahre, bis Danny einen teuflischen Plan fasste. Er erinnerte sich noch an den Satz, den sein Vater sehr mochte: "Wen du nicht besiegen kannst, den mache dir zum Freund, ja zum Freund," murmelte Danny damals vor sich hin und grinste hämisch. Sicherlich war mit den Worten seines Vaters eine ehrliche Freundschaft gemeint, aber warum nicht sowas für seine Zwecke ausnutzen? Danny war so stolz auf seine Idee... Langsam begann er, seinen Plan umzusetzen.

Zunächst riss er den Weidezaun ab, den Randys Rinder immer umgehen mussten, um zum Wasser zu gelangen. Dann änderte er andere Kleinigkeiten, die Randy durchaus bemerkte, aber sich nur wunderte. Danny war schlau, er machte alles sehr langsam und überlegte jeden nächsten Schritt.

Er bemerkte, dass die Cowboys von Randy weniger aggressiv reagierten, wenn sie seine Tochter Carol auf Randys Land antrafen. Auch bemerkte er, dass Randy im Städtchen weniger über ihn herzog.

Nun war es Zeit den Deckel zu schließen.

Nach einem Jahr hatte Danny es geschafft, dass Randy ihn sogar grüßte und lächelte, wenn sie sich im Saloon mal trafen. Danny beschloss, Randy dann das Stück Weide zu überlassen, das Stück Weide, was für Randy immer wichtig war, um viele, viele Meilen einzusparen, wenn er seine Rinder nach Kansas trieb.

Es kam soweit, dass nun Randy auf Dannys Ranch geritten kam und ihm Freundschaft anbot. Selbstverständlich nahm Danny an. Sein Plan ging auf. Durch diese Freundschaft, die für Danny nie eine war, bekam er viele Vorteile. Randy gab in einigen Dingen nach, ja er bemühte sich sogar, diese Freundschaft zu vertiefen, denn sie bedeutete ihm sehr viel. Er begann auch Danny sehr zu schätzen. Danny war sehr zufrieden mit seinem Plan.

Er konnte jetzt seine Ziele viel bequemer umsetzen... und eines Tages... ja eines Tages würde alles ihm gehören. Randy würde auf merkwürdige Weise verschwinden und ohne Angehörige würde sein Land dem Staat zufallen. Danny war bereit, es zu kaufen... Es würde einfach sein, Randy in eine Falle zu locken, Randy vertraute Danny ja so sehr.

Durch eine gespielte Freundschaft - für seine Zwecke nützlich - kam Danny an sein Ziel. Seine Pläne wurden durch ein geheucheltes Verhalten verwirklicht. Er mochte Randy nie. Sein Gefühl für ihn war immer negativ. Randy war ihm im Weg. Doch sein Plan würde aufgehen... eines Tages wäre er am Ziel.

Seine Habgier vor dem Vorhang einer geheuchelten Freundschaft, seine Vorteile, sein Ziel,würde er erreichen.

Randy würde sterben im Glauben, einen guten Freund gehabt zu haben.

- Ende -

1.5 JASON SUNRISE

Prolog:

Vor etwa zwanzig Jahren fand man bei Umbauten der alten Western Stadt Tombstone zwei einzigartige Schriftstücke.

Diese Schriftstücke waren sehr verblasst und teilweise blutverschmiert. Es gelang jedoch mit Hilfe von modernen kriminalistischen Mitteln einen Großteil zu entziffern. Es handelt sich hierbei um eine unikate Dokumentation über das Zusammentreffen zweier Revolverhelden, deren Mut und Verwegenheit einmalig war.

Dieser Bericht basiert auf dem zweiten Schriftstück, da dieses noch am besten erhalten war. Der Einfachheit zuliebe, möchte ich hier diese Legende in Romanform weitergeben. Man möge mir verzeihen, keine wortgenaue Übersetzung präsentieren zu können.

Kapitel 1: Der Anfang

Es war ein heißer Tag und man schrieb den 22.06.1845. Jason Sunrise saß auf seinem hochbeinigem Braunen und schob sich den Hut langsam mit dem Zeigefinger in den Nacken. Er stützte sich auf das Sattelhorn auf und blickte abwertend auf das kleine mexikanische Nest vor ihm herab. Jason war kein einfacher Revolverschwinger, nein, er war einer der schnellsten im Lande und wenn auch seine Kleidung staubig war, so waren seine Colts in tadellosem Zustand.

Langsam lüftete er die Colts aus den gut gefetteten Holstern und ließ sie mit einer gekonnten Drehung wieder hinein gleiten. Zufrieden fuhr er mit dem Finger über die Kerben im Knauf.

„Santa Elena, ein Drecksnest" grunzte er, „Yeah, Hauptsache einen Tequila und eine Frau für die Nacht, das wird es wohl noch geben."

Langsam ritt er in die Stadt hinein. Sein Gesicht war von Wind und Wetter gegerbt und so manche Furche zeugte von einer harten Zeit. Aber dieses raue Gesicht mit dem traurig herabhängenden Schnurrbart macht ihn für die Frauen nur noch interessanter.

Aus den Augenwinkeln sah er verstohlene Gesichter hinter den Fenstern und so manch Rolladen klapperte beim zuschmeißen. Links von ihm lief fauchend eine Katze weg und die Vögel hörten auf zu zwitschern. Jason war die Hölle - und er brachte sie in diese Stadt. Er grinste, yeah, so gefiel ihm das...

Kapitel 2: Der Saloon

Langsam ritt er weiter. Als er das Saloonschild sah, leckte er sich über seine trockenen Lippen. Mit elastischem Schwung glitt er aus dem Sattel und landete federnd auf dem Staub der Straße. Zufrieden wieherte das Pferd, als es die Last nicht mehr spürte.

Er war seit Wochen unterwegs, durch raues Land. Hitze Staub und Enthaltsamkeit prägte sein Leben. Yeah, er war auf der Flucht. Marshal Jed Hawkins verfolgte ihn erbarmungslos. Alle Tricks wurden durchschaut. Er war wie eine Klette an seinen Fersen. Er war damals in eine Falle getappt. Nach einer wilden Schießerei hatte er entkommen können. Alle gaben auf, bis auf einen: Jed Hawkins.

Doch nun waren mittlerweile Wochen vergangen. Jason machte sich keine Gedanken mehr über etwaige Verfolger. Mit hartem Schwung stieß er die Pendeltür des Saloons auf. Schlagartig verstummte das Klavier.

Die Pokerspieler ließen ihre Karten fallen und schauten zur Seite, in der Hoffnung nicht bemerkt zu werden. Nervös griff der Barkeeper unter seinen Tresen und war beruhigt als er den kalten Stahl seiner Schrotflinte berührte. Kreischend flohen die Saloondamen in ihre Zimmer. Jason Sunrise starrte in den Raum. Die Luft war zum Schneiden dick und man hätte eine Stecknadel fallen hören können.

Mit langsamen Schritten näherte er sich dem Tresen. Seine Sporen sangen ihr Lied im Rhythmus seiner Schritte. Irgendwo spielte einer ein altes mexikanisches Lied auf der Gitarre.

„Howdy - Tequila" krächzte Jason den Barkeeper an und fingerte einen Silberdollar aus der Weste. Der Barkeeper schluckte merklich und wischte sich den Schweiß von seiner Stirn. Jason schaute sich im großen Saloonspiegel seine Umgebung an und nahm den Tequila mit der Linken. Seine Schusshand war die Rechte, die drohend und angst einflößend über dem schweren Peacemaker-Colt schwebte. Schwitzend und hektisch polierte der Barkeeper seine Gläser und schaute sich dabei verstohlen um.

Kapitel 3: Die Begegnung

Jason kippte den Tequila herab und rülpste vernehmlich. „Noch einen?" stammelte der Barkeeper. Jason blickte ihm tief in die Augen und vor Angst ließ der Barkeeper die Flasche fallen. Jason nahm sich eine aus dem Regal und lehnte sich an den Tresen.

Plötzlich hielt der Gitarrenspieler inne und lautes Gemurmel machte sich vor dem Saloon breit. Langsam und quietschend öffnete sich der Flügeleingang des Saloons.

Jason erblich... und ließ die Tequilaflasche fallen. Verdammt, dort stand er... Jed Hawkins, ein drahtiger Revolverheld der alten Gilde.

Ein schwarzer Hut zierte sein Haupt und an der dunklen Büffellederweste glitzerte sein Abzeichen. Yeah, er war US-Deputy Marshal. Seine Hosen steckten in hochhackigen Stiefeln und an seiner Seite hingen zwei schwere vernickelte Smith und Wesson Revolver. Unter seinem Hut blitzten zwei stahlblaue Augen auf und stierten Jason wie ein Eishauch des Todes an.

Wie zwei Krallen schwebten seine Hände über den Revolvern, als er mit klirrender Stimme sagte: „Dein Weg ist hier zu Ende Jason... komm freiwillig mit oder zieh!"

Oh ja... Jason war schnell. Er zauberte seine Colts in die Hände, doch Jed war auch flink, wie eine Klapperschlange. Noch bevor Jason die Läufe anheben konnte, spürte er den Schlag an der Schulter. Seine Colts fielen herab und er sank auf die Knie.

Mit rauchendem Colt stand Jed Hawkins wie eine Säule vor ihm. Kritisch schaute er auf Jason der am Boden kauerte. Yeah, er hatte Respekt vor ihm und er schonte ihn. Jed war kein Killer, er schoss immer nur in Notwehr. Langsam erhob sich Jason und taumelte zu Hawkins. Stöhnend hielt er sich am Tresen fest und fragte krächzend: „Warum hast du mich geschont?"

Jed antwortete: „Mein lieber Jason, nicht immer muss ein Mensch sterben um der Gerechtigkeit genüge zu tun. Damals warst du selber Sheriff bevor Black-Kid deine Frau missbrauchte und deine Farm ausraubte. Die Welt hat dich zum schlechten Menschen gemacht. Jedoch sitzt der Hass zu tief in dir, so dass du zum Verbrecher wurdest. Deine Rache an Black-Kid hat dich so in Besitz genommen, dass du nur noch das Eine sehen konntest. Ich werde dich laufen lassen, denn mein Leben ist nicht das eines Marshals. Mir ging es darum, dir zu beweisen, dass es immer einen geben wird, der schneller sein wird. Dein Leben so wegzuwerfen wäre schade. Lebe wohl, Jason und denke nach. Adios."

Mit diesen Worten drehte sich Jed Hawkins um und ritt hinein in das weite Land. Jason lehnte noch am Tresen mit glasigen Augen.

Epilog:

Berichten zufolge wurde Jed Hawkins in Mexiko glücklich mit einer guten Frau und seine Revolver hat er nie wieder gebraucht.

Jason hatte nachgedacht...

Manchmal sah man damals einen netten Mann in die Stadt kommen, der den Kindern immer Zuckerstangen schenkte und ansonsten sehr schweigsam war. Er verkaufte Felle und Goldstaub und führte ein einsames Leben in den Bergen. So manche Frau wäre gerne mit ihm gegangen. Wenn man genauer hinsah, erkannte man noch die verschlissenen Stellen an der Hose, wo damals die Colts hingen.

Von Jason Sunrise hörte man nie wieder etwas...

- Ende -

1.6 **LESTER FLAT**

Der Schuss krachte völlig unerwartet und die Kugel zischte haarscharf an dem Kopf von Lester vorbei.

„Verdammter Anfänger", brüllte Lester und zog noch im Fallen seinen Colt. Er rollte sich geschmeidig ab und kam hinter einem Busch zum Liegen. „So, mein Lieber jetzt fangen wir mal an zu spielen", sagte er zu sich selber, während er sich umsah.

Lester Flat war ein Mann in der Mitte der Dreißiger. Seine Gesichtshaut war dunkel wie die eines Mexikaners und seine nervigen Hände hatten so manche Lassonarbe. Vor Jahren entschloss er sich für die Kopfgeldjagd.

Die Zeiten auf den Ranches waren schlecht, unmittelbar nach dem großem Bürgerkrieg. Lester war damals nicht wirklich auf einer bestimmten Seite, hatte aber eine gewisse Sympathie für den Norden, vielleicht bedingt dadurch, dass er die Menschen niemals nach der Hautfarbe oder Religion beurteilte.

Er beurteilte die Menschen nach ihren Taten und diese waren bei Verbrechern nun alles andere als edel. Sicherlich zog auch er den einen oder anderen beim Pokern über den Tisch aber er sah das eher als Leistung und Talent... selber Schuld, wer nicht richtig aufpasst.

Nun wie gesagt er schaute sich um...

Drüben stieg eine grosse Bergkette in die Höhe, da konnte keiner rauf. Weiter westlich befand sich der Rio Fuego, der seinen Namen bekam als damals der Fluss die brennenden Forts reflektierte, die von den Indianern angezündet wurden. Diese Stelle war übersichtlich und gut einsehbar, also schaute er nach Osten.

Jaulend und klatschend schlug neben ihm die zweite Kugel ein und schwirrte wie eine giftige Hornisse durch die Büsche. Lester rollte sich 2 Yards weiter zum nächstem Strauch. Er wusste, dass ständiges Wechseln der Stellungen einer der Überlebenstaktiken bei Beschuss war.

„Wo steckt diese Ratte", fluchte Lester während er angestrengt nach Osten blickte. Nur dort konnte der Loopher stecken... dort hinter den großen Cottonwood Bäumen am Rand der Senke. Er sah, wie ein Gewehr aufblitze und lächelte geschmeidig: „Habe ich dich mein Freund", grinste er.

Mit drei großen Sprüngen hechtete er hinter einen großen Felsen, während die Schüsse wild um ihn in den Staub hämmerten. Er wechselte noch dreimal seine Position und verharrte dann. Er hatte jetzt eine gute Lage und wartete bis der andere sich zeigen musste. Und er hatte richtig kalkuliert. Erst erschien ein Hut... dann ein Gesicht... dann der ganze Mann oder war es eine Frau?

Lester grinste, ja, es war eine Frau und sogar eine Hübsche.

Sowas sollte man nun wirklich nicht erschießen, dachte er mit einem verschmitztem Grinsen. Er umging ihre Stellung und schlich sich leise von hinten an sie ran. Er sah sie auf den Knien hocken und auf seine alte Position starren. Er hörte sie schnaufen. Langsam richtete er sich auf und sagte mit leiser und gefährlicher Stimme: „So Senora, greif in den Himmel und leg die Waffe weg". Die Frau erschrak und erstarrte. „Mach kein Fehler Lady", sagte Lester, „auf diese Entfernung schieße ich niemals vorbei. Schön langsam das Gewehr weg und nach rechts". Zum Schluss wurde seine Stimme fordernd und lauter.

Die Frau tat, wie ihr gesagt wurde. Lester war zufrieden, denn auf Frauen würde er wirklich ungern schießen, denn er mochte sie.

Sie legte die Rifle ab und hob die Hände. Ihre Bluse spannte dabei über ihre wohlgeformten Brüste, was Lester keineswegs entging und ihm ein frivoles Grinsen entlockte.

„Mister, wenn sie sich beruhigt haben, können sie mir mal sagen, was sie hier tun", sagte die hübsche Frau frech. „Mal langsam Lady... die Fragen stellt immer noch derjenige, der den Colt hat und den sehe ich bei Ihnen nicht". Die Frau errötet und fauchte zurück „Sie verdammter Pferdedieb."

„Jetzt ist es aber genug Senora... sie schießen auf mich... ich schone sie, und nun werden sie auch noch beleidigend" entgegnete Lester, mehr als verärgert. „Leider habe ich sie nicht getroffen, sonst gäbe es jetzt einen Pferdedieb weniger", sagte sie trotzig. „Frauen konnten noch nie gut schießen", lachte er. Bevor sie was sagen konnte, sagte er schnell: „Ich bin kein Pferdedieb im Gegenteil ich jage sie... für Geld."

„So so... sie jagen die Outlaws... interessante Geschichte... wollen wir jetzt hier übernachten oder wie soll es weitergehen?" Mittlerweile hatte sie ihre Arme bereits gesenkt und schob eine Locke ihres blonden Haares zur Seite. „Wie wärs mal mit einem Namen Lady? Wer sind sie und warum schießen sie auf Cowboys, die sie gar nicht kennen?"

„Also gut", seufzte sie „ich bin Carol Sweetwater, meinem Vater gehört die Sweetwater Ranch und in letzter Zeit wurde viel Vieh gestohlen. Ich soll hier auf einen Mann aus dem Westen warten... ein harter Typ der... Moment mal, sagten sie eben sie jagen Outlaws?" ihre Augen sahen ihn jetzt interessiert an.

„Gestatten mein Name ist Flat, Lester Flat von der Cattle Company in Idaho". Er ließ das Gewehr sinken und schob seinen staubigen Stetson in den Nacken.

„Oh... genau auf sie sollte ich ja warten Mr. Flat", sagte sie mit einem Blinzeln im Auge. Fahrig warf sie ihre Haare nach hinten und ging zu ihrem Gewehr zurück, nicht ohne nochmal zu ihm zu blicken. Lester hatte mittlerweile einen Zigarillo angesteckt und amüsierte sich.

Langsam kam sie zurück. Sie stotterte leicht: „Äh Mr. Flat, tut mir echt leid die Sache... ich dachte..."

„Les... für sie bin ich Les", lachte er. Sie stutzte leicht und lachte dann mit. „Ich bin Caro" und sie lachten jetzt beide herzhaft. Sie ritten gemeinsam zurück auf die Ranch, wo Les weitere Informationen zu seinem Auftrag erhalten sollte. Lester entging nicht, dass sie ihn heimlich, aber dennoch interessiert von der Seite musterte, während sie zusammen ritten.

Unterwegs kamen sie in ein lockeres Gespräch und sie kicherte immer wieder. Lester war zufrieden... genau so sollte es auch sein. Sie erreichten die Ranch im Sonnenuntergang und ihr Haar schimmerte wie glänzendes Gold.

Für Lester war jetzt sein Auftrag nicht der einzige Grund hier zu bleiben.

Das Abenteuer konnte beginnen...

-Ende -

1.7 **Damals in Texas**

Es war wieder mal ein staubiger heißer Tag und John Wayward schob sich den Hut in den Nacken. Jahrelang war er Viehtreiber. Er kannte nichts anderes. Doch dieser Job gefiel ihm nicht mehr. Er gab seinem Rancher die Schuld, wusste der überhaupt, wie hart diese Arbeit war? Konnte er sich vorstellen, wie sehr das in die Knochen geht und wie öde alles sein kann. Staub, Rinder, Dung, ja das war das Leben von John, bis heute.

Er beschloß, mit Jason Sullivan zu reden! Der Rancher musste ihm zuhören. Verlegen stand er vor dem großen Schreibtisch und hielt seinen Hut vor dem Bauch, während der dicke Rancher ihn von oben bis unten musterte. John fühlte sich gar nicht gut, seinen Job konnte er wohl jetzt vergessen.

Der Rancher zündete sich eine Zigarre an und sagte langsam aber bestimmt: „John Wayward, seit 10 Jahren Viehtreiber und sie stehen vor mir und sagen mir, ich wäre an allem schuld?"

John nestelte nervös an seinem Tabaksbeutel herum, dabei fiel er auf den Boden. „Kommen sie näher John," sagte der Rancher, „ hier nehmen sie eine Zigarre". Er gab ihm Feuer. Der Rancher blickte John an und fuhr fort: „John, ich weiß, was ein Cowboy tun muß. Ich war jahrelang einer. Mein Dad schickte mich nach Mexiko als Vaquero. Ich musste alles von Grund auf lernen, keine Vorteile als Sohn, keine Vergünstigungen - so wollte es mein Vater haben."

„John, Junge, ich kann nicht alles wissen. Manches muss man mir sagen und heute stehst du vor mir und gibst mir die Schuld an deinem Leben. Ich sage dir, wer nichts sagt oder spricht, der wird kaum etwas verändern. Ich ging davon aus, du seist zufrieden hier mit deinem Job."

John blickte den Rancher mit leeren Augen an.

Der Rancher blickte nach draußen und sagte: „Die Zeit der großen Trails ist bald vorbei, John! Die Eisenbahn ist da und die Rinder werden damit schneller transportiert. Die Zeiten der Cowboys gehen zu Ende - doch du bist ein guter Mann! Ich weiß jetzt auch, dass du mehr erwartet hast und auch darfst. Ich werde dich zum Vorarbeiter meiner Verladungsstelle machen. Du bekommst einen Bonuslohn und du wirst die Cowboys nach und nach weiterschulen und ausbilden, so dass die neuen Zeiten kommen können."

Er klopfte ihm auf die Schulter und ging in das Nebenzimmer - drehte sich nochmal kurz um: „John, ich mag deine Ehrlichkeit und dich." John stand etwas seltsam da, mit halb abgebrannter Zigarre und offenem Mund.

Doch eines wusste John - der Weidereiter - jetzt, offen reden kann viel helfen.

Hätte John sich bei seinen Cowboys über den Rancher beschwert, ihn angegriffen oder gar beleidigt, so wäre er jetzt wohl in einem Saloon und würde ohne Job auf Pump trinken.

Doch John wählte den richtigen Weg, und so machte er viel mehr aus seinem Leben, als er jemals erwartet hätte. John war jetzt sehr zufrieden. Es ging ihm gut! Seine Welt war wieder in Ordnung.

Jetzt hatte er Lust auf einen Tequila und eine ehrliche Pokerunde...

- Ende -

1.8 DER BERG

Der Indianer Golden Eagle war einer der wenigen Bergführer und Scouts, die schon in jungen Jahren eine erstaunliche Sachkenntnis vorweisen konnten. Jeden Berg erstieg er nicht, sondern nur solche, die eine Herausforderung für ihn waren. So ließ er öfter mal einen kleineren beiseite und unbeachtet.

Eines Tages beschloss er aus einer Laune heraus einen schönen, aber in seinen Augen einfachen Berg zu ersteigen. Während des Aufstiegs wurde er von dem Gegenteil überzeugt. Der unscheinbare Berg hatte seine Tücken und Eigenarten. Er war sehr viel schwieriger als er anfangs dachte.

Er gab sein Bestes, erklomm im Schweiße seines Angesichtes jeden Meter und meisterte jedes Hindernis. Der Berg war sehr ungewöhnlich, er war erschöpft und so machte er eine Pause auf halber Strecke auf einem kleinem Plateau. Er blickte auf den Weg zurück, den er gegangen war und wischte sich den Schweiß ab. Er schaute auf seine Spuren und er blickte in die Tiefe, ja, es war harte Arbeit und er war stolz darauf. Dennoch wollte er bis zur Spitze, er mochte keine halben Sachen.

Er schaute in das Tal und beobachtete die Tiere. Er wurde unaufmerksam und machte einen Fehltritt. Sein Fuß rutschte von der Eisplatte ab und er glitt zurück in die Tiefe, viele, viele Meter. Er schlug am Fuß des Berges unsanft in eine Mulde und war verletzt und verwundet.

Er gab dem Berg die Schuld.

Niemals würde er diesen Berg erneut besteigen. Dieser Berg brachte ihm Schmerz und Verletzungen ein. Golden Eagle war wütend auf diesen Berg der Enttäuschung.

Er mochte ihn jetzt nicht mehr so wie früher. Die Zeit verging und Golden Eagle hatte den Berg nie vergessen. Immer wieder führten seine Wege an diesem Berg der Enttäuschung vorbei. Er blickte immer anmutig zu ihm hinauf und fand ihn immer noch schön und reizvoll. Eines Tages beschloss er, einen erneuten Versuch zu wagen, aber diesmal würde er den längeren Weg wählen der auch noch mehr Unsicherheiten verbarg. Und diesmal würde er keine Pause machen und sich vom Ziel ablenken lassen.

Und so machte er sich daran, wieder diesen Berg zu besteigen, der damals der Berg der Enttäuschung von ihm genannt wurde. Diesmal passierte nichts beim Aufstieg. Er achtete genauer auf jede Kleinigkeit und vermied jeden noch so winzigen Fehltritt. Am Gipfel angekommen, genoss er den fantastischen Blick und das Glück was er dabei empfand.

Er begann nachzudenken...

Jeder Mensch ist ja auch irgendwie ein Berg, den man ersteigen muss. Nicht nur, dass man die Herausforderung erkennen muss um erfolgreich zu sein, nein man muss auch die Höhe sehen und auch die Eigenarten wie Glätte oder eisfreie Flächen. Das könnten bei Menschen bestimmte Charaktereigenschaften sein oder empfindliche Zonen im Privatleben.

Auch ein Fehltritt bei Menschen könnte Auswirkungen haben und zu einem "Absturz" führen. Aber man muss nicht immer bis zum Sockel zurück rutschen, denn jeder Berg oder Mensch ist ja anders in seiner Art. Der junge Indianer kam zu dem Ergebnis, dass ER ja nicht aufgepasst hat und einen Fehltritt beging, es war seine Schuld nicht die des Berges.

Man sollte sich halt nicht von Dingen ablenken lassen, die man zwar bemerkt aber die den Aufstieg behindern oder gefährden.

Beim zweiten Versuch machte er dann alles richtig und wurde von einem Erfolg und einer tollen Aussicht belohnt. Bei Menschen könnte das Glück und Zufriedenheit sein, vielleicht Liebe?

Er wunderte sich noch beim Abstieg, wie viel ein Berg doch dem Menschen ähnelt, wenn man mal darüber nachdenkt.

Ab diesem Tage mochte er jeden Berg, auch wenn er mal abrutschte. Beim nächsten Versuch würde es dann besser gehen... oder?

Manchmal ist jedoch ein Berg (Mensch) nicht erklimmbar, doch das muss jeder selbst herausfinden.

- Ende -

1.9 Der Mann, den keiner mochte

Yellow City war eher ein Dorf als eine große Stadt, dennoch wollte sich Abe Yellowstone ein Imperium aufbauen. Es war ein lauer Frühlingstag an der Grenze zu Mexico im Jahre 1895. Yellow City lebte vor sich her und alle dachten, die Welt war in Ordnung, alle? Nein, nicht alle dachten so, Abe Yellowstone bekam nie genug. Er kaufte - zu Spottpreisen - Agrarsubstanzen und Werkzeuge von den Mexikanern ein, die ihrerseits durch den Erlös kaum genug hatten zum Leben. Abe interessierte das nicht, er zog die Preise weit über den Einkauf hoch und kassierte ab. Die benachbarten Farmen und Einwohner der Stadt mussten seine Preise zahlen, um existieren zu können.

Sanchez war einer der mexikanischen Bauern, die Fuß auf der amerikanischen Seite des Rio Grande gefasst hatten. Er wusste, sein Ruin würde wie bei den anderen bevorstehen und Abe Yellowstone würde dann als goldener Reiter sein Land aufkaufen, natürlich für eine geringe Summe, so wie es all die Jahre schon andere traf. Manuel Rodriguez war sehr reich, seine Hazienda erblühte und alle arbeiteten gerne bei ihm. Er zahlte gute Löhne und versorgte seine Leute mit Essen, Unterkünften und jede Menge Tequila. Manuel war der Stiefbruder von Sanchez, und so kam es eines Abends beim Tequila zur Sprache.

Manuel dachte lange nach über das, was Sanchez ihm erzählte, von dem gierigen Abe Yellowstone. Dieser fette Mann mit verschwitztem roten Kopf , der übel roch und den ganzen Tag sein Geld zählte... Haziendero Manuel lächelte Sanchez an, er gab ihm zu Wissen, dass er eine Lösung hat. Abe Yellowstone fluchte laut als er den Brief zerknüllte. Ein neuer Plantagenbesitzer schrieb ihm, sein Name war: Manuel Rodriguez. Die Zeiten wo Abe "günstig" einkaufen konnte waren vorbei, auch wurden neue Stores eröffnet, die wesentlich attraktivere Preise als Abe bieten konnten.

Abe lachte kratzend und beschloss nun, seine Preise noch mehr zu erhöhen, immerhin hatte er ja auch laufende Verträge mit den Farmern, die zur Abnahme von Saatgut etc. verpflichteten.

Die Monate vergingen und Abe machte Verluste, dreimal brannte sein Store ab und etliche Male trafen Lieferungen nicht ein, zum Schluss gar keine mehr. Man spuckte vor ihm auf der Straße aus, im Saloon bekam er keine Drinks mehr und beim Barbier brauchte er erst gar nicht auftauchen. Abe war jetzt ganz einsam, nicht gewollt und merkte, dieser Ort ist nicht mehr der richtige für ihn. Seine Frau brannte mit einem Desperado durch und seine Tochter verließ ihn auch.

Abe war am Ende doch was hatte er falsch gemacht?

20 Jahre später...

Ben ein braungebrannter Cowboy mit starkem Charisma umarmte Sally, die mehr als eine mexikanische Schönheit war. Gemeinsam betrachteten sie das Bild, welches im Stadt - Museum von Yellow City aushing. Es zeigte einen gepflegten Mann mit Backenbart, der freundlich lächelte.

Darunter stand:

Zu Ehren von Abe Yellowstone, der Gründer von Yellow City 1859.

Der Mann, der den Bewohnern eine Kirche, ein Saloon und ein Mietstall schenkte. Ein Mann, der überall für seine soziale Gerechtigkeit bekannt war und selbst den Armen half. Ein Mann, der stets ansprechbar war und immer ein Ohr für die Menschen hatte, denen es schlechter ging als ihm. Ein Mann, der überall gerne gesehen war und dort wo er war, positive Stimmung verbreitete. Möge er uns immer in Erinnerung bleiben! Seine ihn liebende Frau Jeniffer und Tochter May.

Sally wischte sich eine Träne aus den Augen und blickte Ben an. „Ein guter Mann", sagte Sally mit brüchiger Stimme zu Ben, „ein wirklicher Guter."

Sanft legte sich eine rauhe Hand auf ihre Schulter und drehte sie leicht herum. Manel Rodriguez war alt geworden, doch er ließ es sich nicht nehmen mit seiner Tochter Sally und ihrem Cowboy Ben, Yellow City zu besuchen. Gemeinsam betraten sie das Museum und Manuel hielt sich etwas zurück, als sie beim Porträt von Abe Yellowstone ankamen.

Doch nun war auch Manuel Rodriguez beeindruckt und sagte langsam und sehr bedächtig zu den beiden: „Es gab mal eine Zeit, da hätte dieses Bild hier nicht gehangen, doch Menschen können sich verändern, sich ändern durch Erfahrung und Lehren.

Sie können sich gar vollständig neu orientieren und ja, ich habe jetzt auch Respekt vor Abe Yellowstone."

Er deutete eine leichte Verbeugung zum Porträt an und fast hätte man glauben können, dass Abe im Bild noch ein wenig mehr lächelte.

Vielleicht würden Ben und Sally eines Tages die ganze Story erfahren, von Abe Yellowstone, der Mann, den keiner mochte...

- *Ende* -

1.10 Das Tal des sterbenden Bisons

Wir kamen gut voran - der berühmte Marshal J.D. Holmes und ich, Wes, sein Kollege! Unser Ritt ging nach Nevada. Es war eine ruhige Reise ohne grosse Hektik. Ab und zu trafen wir auf einen Siedlertreck oder mussten einen ausgemagerten Coyoten erschießen, der Lust auf uns verspürte. Ein Falke zog mit uns drei Tage seine Runden am stahlblauen Himmel. J.D. erschoss zwei Klapperschlagen. Aber ansonsten geschah nichts Besonderes.

Nach ca. eineinhalb Wochen kamen wir an ein weit ausgreifendes Tal. Wir hielten auf einer Anhöhe und blickten auf diese wunderschöne Gegend. So weit das Auge reichte, war grünblaues Büffelgras zu sehen. Dieses Gras nannte man Bluegrass.

Zur unserer Linken zogen die hohen Ausläufer der Blue Ridge Mountains ihre Züge. Auf der rechten Seite war ein kleines Wäldchen mit Cottonwood Bäumen. In der Mitte des Tales schlängelte sich der Snake River majestätisch durch die Bodenwellen. Die Sonne schickte ihre goldenen Strahlen über das Tal und hüllte alles in orangenem Licht ein. Hier und dort weideten kleinere Bisonherden.

J.D. stützte seine Hände auf das Sattelhorn und schob den Hut in den Nacken: „Dieses Tal nennt man "the Valley of the dying bison"." Ich stutzte, „Das Tal des sterbenden Bisons? J.D. hier gibt es genug Bisons. Sieh nur, die Herde dort drüben und dort hinten mindestens 300 Tiere."

J.D starrte gedankenverloren in die warme Abendsonne, „Wes, diese Bezeichnung beruht auf einer alten Indianerlegende". Er drehte sich zu mir und sagte sanft: „Wenn du willst, erzähle ich dir die Legende über das Tal des sterbenden Bisons..magst du?" Ich zögerte nicht lange mit der Antwort. Indianerlegenden hatten mich schon immer interessiert.

Sie waren sehr geheimnisvoll und beruhten oft auf spirituellen Wahrheiten. Ich nickte J.D. kurz zu. Wir setzten uns in das knöchelhohe Gras.

J.D drehte sich eine Zigarette. Ich nippte am guten Oakland Whisky. Mit starren Blick in das Tal, begann J.D die Legende in ruhigem halblauten Ton zu erzählen.

Es begann alles damals, als die großen Kämpfe zwischen dem weißen und roten Mann ihren Höhepunkt erreicht hatten. Es waren blutige Kämpfe und jeder Indianer war stolz, seine eroberten Skalps von seinen Feinden zu präsentieren. Ehre und Anerkennung zog sich bei den Indianer durch die ganze Sippe. Anders herum aber war es genauso... wer feige oder weniger erfolgreich war, der war nicht tragbar für seine Familie.

Little Sparrow war erst 22 Jahre alt. Er war ein guter Jäger, aber im Kampf doch recht unerfahren. Als die Krieger ihn fest zusammengeschnürt im Planwagen einer Armeepatrouille fanden und obendrein die Streifen der Peitschenhiebe auf seinem Rücken sahen, kehrten die Stammesbrüder ihm den Rücken zu. Erst der Sieg über die Patrouille, dann diese Schmach - einen der ihren in einem hilflosen und herabwürdigenden Zustand vorzufinden. Sie hatten ihn geschlagen und gedemütigt und ein Indianer stirbt lieber als sich gefangen nehmen zu lassen... so dachten sie alle damals.

Little Sparrow war aber der Häuptlingssohn und diese Tatsache machte die Sache nicht einfacher. Im großem Rat der Weisen beschloss man daher, ihm noch eine letzte Chance zu geben. Er sollte einen alten grauen und besonders kräftigen Leitbison mit dem Messer erlegen. Dieser Bison war außergewöhnlich wild und man nannte ihn den Devil of the Bisons... jepp, er war der Teufel in Bisongestalt.

Little Sparrow, der nichts mehr zu verlieren hatte, sprang todesmütig von seinem Indianerpony auf den Rücken des Bisons und stach mit dem Messer zu... unzählige Male. Der Bison warf ihn vom Rücken ab und zertrampelte den jungen Indianer am Boden. Die Indianer spuckten aus und Little Sparrow sollte am nächsten Tage unehrenhaft verbrannt werden.

Nun... so lag Little Sparrow aufgebahrt auf der hohen Klippe eines Canyons und nur seine ihm treu ergebene Squaw war bei ihm. Aber es geschah etwas, das die ganze Sache wieder gut machte. Die Krieger fanden den grauen Bison am nächsten Tage tot in der Prärie. Letztendlich war er doch seinen Verletzungen erlegen und verblutet. Man beschloss, den Bison zu häuten und die Leiche von Little Sparrow darin einzuwickeln. Gemeinsam bekamen sie beide ein Feuerbegräbnis und Little Sparrows Ehre und die seiner Sippe war wieder hergestellt. Seit diesem Tage nennt man das Tal. "The Valley of the Dying Bison." J.D grinste mich an und ging zu seinem Pferd um seinen Sattel zu holen.

Oh ja... diese Geschichte brachte mich zum Nachdenken. Vieles auf dieser Welt wird einfach zu voreilig abgehandelt. Vieles stellt sich im Nachhinein ganz anders dar als man am Anfang glaubt. J.D. kam mit seinem Sattel auf der Schulter zu mir und sagte: „Wes, man sagt noch heute, dass an jener Stelle, wo die beiden bestattet wurden, jedes Jahr ein Kreis mit blauen Prärieblumen blüht."

„Hat man diesen Kreis jemals gesehen?", fragte ich. J.D. winkte ab, „Einmal behauptete ein alter, versoffener Fallensteller, diesen Kreis gesehen zu haben. Leider konnte er keinen mehr hinführen, da er im Suff vom Pferd fiel und nicht mehr aufstand. Aber die Legenden der Indianer sprechen von diesem Kreis der blauen Blüten und vielleicht gibt es ihn auch... dort irgendwo im weitem Tal... wer weiß?"

Ich lächelte verlegen „Ja, wer weiß das schon?" *- Ende -*

1.11 **J.D.Holmes**

LITTLE ROCK am Abend...

Dunkel zogen die Wolken träge über den Horizont. Irgendwo schrie ein Falke am Firmament. J.D Holmes stand breitbeinig auf der staubigen Straße. J.D Holmes war US-Marshal. Matt blinkte sein Abzeichen in der untergehenden Sonne. Er war ein großer Mann im mittleren Alter. Bekleidet war er mit einer ausgeblichenen, schwarzen Hose mit Fransen an der Seite. Sein dunkelblaues Hemd wies etliche Schweißflecken auf und seine schwarze Lederweste glänzte in der Sonne. Seine hochhackigen Arizona Stiefel waren neu und nicht abgelaufen... Yeah, er saß die meiste Zeit im Sattel.

Auf dem Kopf trug er einen schwarzen Cowboyhut mit gerader Krempe. An beiden Seiten hingen schwere Navy Colts Kal. 45. Er hatte einen schwarzen mexikanischen Zigarillo im Mund und sein Gesicht drückte Härte und Unbeugsamkeit aus. Die Bartstoppeln waren 3 Tage alt und sein schmaler Oberlippenbart hing traurig die Mundwinkel herab. Leicht kniff er das rechte Auge zu wegen des Qualms. Seine Augen waren kalt, wie zwei Gebirgsbäche im Winter.

Von diesem Mann ging eine spürbare Kälte aus. Geringschätzend blickte er auf seinen Gegner.

Joe Willcox - auch Arizona-Kid genannt - schwitzte stark. Der Schweiß lief sein Gesicht herab und hinterließ helle Spuren im Gesichtsstaub. Den Hut hatte er nach hinten geworfen. Er hing an der Hutschnur hinten am Rücken. Er hatte ein ovales Gesicht mit einer Narbe vom rechten Auge bis zum Mundwinkel und in seinem strubbeligen Bart hing der Präriestaub. Seine Augen waren gerötet. Er trug ein verwaschenes, graues Baumwollhemd, in dessen Auschnitt seine rote Unterwäsche zu sehen war.

Eine verschlissene Wildlederjacke rundete das Bild ab. Wahrscheinlich hatte er sie einem armen Fallensteller gestohlen. Er trug eine fleckige Trapperhose, die von einem mexikanischen Buscadero Holster gehalten wurde. Diese Holster waren speziell für Zweihandschützen gefertigt. Seine Stiefel waren an den Hacken schräg abgelaufen.

Krummbeinig stand er dem Marshal gegenüber und fing an zu grinsen. Als er den Mund öffnete, kamen verfaulte Stummelzähne zum Vorschein. Er spuckte einen Strahl Kautabaksaft in den Staub. Seine Hände hingen lauernd über den abgegriffenen Kolben seiner " Todbringer ". Sie standen sich ca. 10 Min schweigend gegenüber. Nervös zuckte das linke Auge von Joe Willcox. Er spürte den Schweiß, wie er seinen Nacken runterlief. Nervös prustete sein Pferd ein Stück weiter am Hitchrack des Saloons. Irgendwo jaulte ein struppeliger Hund, der wohl mit einem Stein verjagt wurde.

Ein leichter Wind kam auf. Die Sonne brannte selbst im Abendrot heiß herab. Ein paar rund geblasene Sträucher wurden vom Wind über die Straße geweht. Diese "Tumbleweeds" fand man des öfteren in dieser Gegend. Seine Nerven waren blank leicht zitternd hingen seine Hände über den Revolvern. Irgendwo klapperte ein Rolladen. Er starrte den Marshal an, der wie eine Säule vor ihm stand.

Marshal J.D Holmes wusste von der Gefährlichkeit seines Gegners. Er wusste, dass er heute so schnell ziehen musste, wie niemals zuvor in seinem Leben. Arizona Kid war einer der ganz Großen der Gilde. Man hörte legendäre Geschichten über seine Schnelligkeit. Manche behaupten, er zog so schnell, dass man es mit bloßem Auge kaum verfolgen konnte. Sicherlich war auch Marshal Holmes nicht einer der Anfänger.

Aber jeder der ganz Schnellen wusste, dass nicht alleine die Schnelligkeit ausschlagebend ist, sondern auch die Treffsicherheit und die Nervenstärke. Aber konnte dieser verlauste Outlaw wirklich so schnell sein? Marshal J.D Holmes wusste, dass man niemals einen Gegner unterschätzen darf. Arizona Kid plagten die Zweifel.

Bisher konnte ihn noch niemand schlagen. Aber dieser verdammte Marshal hatte bereits seinen Amigo ins Jenseits geschickt. Ja, Sanchez war fast so schnell wie er selber, aber nur fast. Es ging damals sehr schnell. Sanchez zog überhastet und traf nicht. Zum Teufel... diesen Fehler würde er, Joe Willcox, nicht machen. Er war gut vorbereitet.

Die Zeit verging träge und Joe wollte die Entscheidung. Er blickte in die hellen Augen des Marshals und es war, als träfe ihn die Lanze des Todes. Arizona Kid schnappte nach seinen Revolvern und brachte beide glatt und verdammt schnell heraus. Im Ziehen spannte er die Abzüge und ließ beide los, als seine Colts horizontal waren.

J.D Holmes achtete nur auf die Augen von Arizona Kid. Er wusste, jeden Moment musste er ziehen. Als die Augen von Kid kurz blitzten, zog er so schnell, wie eine Viper. Die Schüsse krachten fast gleichzeitig. J.D Holmes spürte einen heißen Luftzug an seiner Backe und einen harten Schlag im Arm. Joe Willcox stand aufrecht, die Augen ungläubig aufgerissen.

Auf seinem Hemd bildete sich langsam ein großer Blutfleck. Seine Knie brachen ein. Er schoss noch zweimal in den Boden.

Kleine Staubfontänen wirbelten auf und irgendwo krisch eine hysterische Frau. J.D Holmes hatte gut getroffen. Er beobachtete Joe, wie er niederging und in den Dreck fiel. Joe zuckte noch einmal heftig, dann erschlaffte sein Körper und die Colts fielen aus seinen Händen. J.D Holmes schnippte seinen Zigarillo auf die Straße und ging langsam zu dem Gefallenen.

Er war vorsichtig, vielleicht steckte ja noch Leben im Gegner. Diese Kerle waren zäher als Wüstenwölfe. Er stieß Joe mit der Stiefelspitze an. Als er den Tod feststellte, drehte er ihn auf den Rücken. Gebrochene Augen starrten ihn an, ein Blutfleck war im Sand. Langsam kamen die Anwohner aus ihren Löchern. Bleich kamen sie auf die Straße. Eine Frau verbarg das Gesicht hinter den Händen und schluchzte.

J.D Holmes hatte hier nix mehr zu tun. Langsam ging er zu seinem Arapaho Hengst und tätschelte seinen Hals. Mit einem Schwung zog er sich in Sattel. Noch ein letzter Blick zurück auf Joe, der verrenkt auf der Straße lag umringt von Schaulustigen.

Langsam zog er den Hengst in Richtung Norden, denn dort lag sein nächstes Ziel: Darkwood Creek. Er holte eine Flasche Whisky aus der Satteltasche und nahm einen langen Zug. Als er wegritt sagte er die Worte, die noch heute im Wilden Westen gern benutzt werden: „Yeah... ein neues Spiel, ein neues Glück! Die Karten sind wieder neu gemischt!".

Wie zur Antwort wieherte sein Hengst leicht...

- Ende -

1.12 Der Trapper

Es war wieder einmal einer der eiskalten Wintertage an der kanadischen Grenze. Hudson Hawk ritt gemächlich seine Runde und kontrollierte seine Fallen. Glitzernd reflektierte der Neuschnee die Sonnenstrahlen und erzeugte ein Hauch von Magie auf dem weißen Schneeteppich. Hudson lebte seit Jahren in der Wildnis. Er mochte die Städte nicht. Die Städte, in denen er seine Felle verkaufte, gewannen ihm keine Freude ab. Immer wieder war er froh, wieder zurück in die Freiheit zu reiten, nachdem er seine Vorräte dort aufgestockt hatte und seine Felle weit unter Preis verkaufen musste. Aber was sollte er tun?

Also gab er seine Felle her, im Wissen, dass ein anderer grossartig daran verdienen würde. So ritt er an diesem sonnigen Wintermorgen langsam seine Tour ab. Vielleicht war ja ein Wolf dabei oder ein Fuchs. Diese Felle brachten am meisten ein in Sandford Creek... dieser lausigen Stadt am Rande des Yukon Rivers. Seine Gedanken wurden durch ein Ereignis unterbrochen.

Er hörte ein lautes Schreien vom westlichen Canyon herüberkommend. So schrie nur ein Mensch, der in Todesangst schwebte, Hudson erkannte es sofort. Hart nahm Hudson sein Pferd herum und ritt preschend durch den Pulverschnee. Er kam an die besagte Stelle und erkannte die Situation.

Er sah ein junges Indianermädchen, das gerade von einem Wolf angefallen wurde. Hudson riss sein Gewehr an die Wange und drückte ab. Krachend entlud sich die Ladung und das Geschoss erfasste den großen schwarzen Wolf, der von der schweren Bleikugel wie von einem Huftritt zurückgeschleudert wurde. Hudson ritt an den Ort heran. Er sah das junge Mädchen blutend am Boden liegen. Er sah ihren zerfetzten Wildlederanzug und er sah, dass sie noch lebte. Sorgsam kümmerte sich Hudson um ihre Wunden und legte sie dann auf seine selbstgebaute Pritsche.

Die Pritsche band er fest an seinem Pferd an und ritt zu seiner gemütlichen Blockhütte. Das Feuer prasselte im Kamin und es machte sich der Duft einer würzigen Suppe bemerkbar. Er schaute auf den leblosen Körper auf dem Lager. Es war ein weiches Lager aus Hirschfellen und Stroh. Er betrachtete ihr Gesicht. Langsam gingen seine Blicke über das ebenmässige Gesicht. Er sah ihre feinen Gesichtszüge, ihr langes rabenschwarzes Haar.

Er bewunderte ihren bronzefarbenen Teint, ja, er war sich erstmals in seinem Leben bewusst, dass ein Mensch sein Herz berührte. Er drehte sich um zu der Kochstelle und rührte gedankenverloren in der Suppe, als ein leises Seufzen seine Aufmerksamkeit erweckte. Er trat an das Lager heran und lächelte das Mädchen freundlich an, als es die Augen aufschlug. Ihr Körper zuckte zusammen und sie wollte sich aufrichten, aber sie fiel vor Erschöpfung wieder nach hinten zurück. Ihre schwarzen Augen öffneten sich erneut. Sie sah ihn lange an und zischte: „Weißer Mann, es wäre besser gewesen, mich sterben zu lassen... denn ich hasse alle Weißen und der Tod wäre für mich besser gewesen als die Schmach von dir... einem Weißen das Leben gerettet zu bekommen..."

Die Tage vergingen und das Indianermädchen erholte sich sehr gut. Sie sprach kaum ein Wort mit Hudson Hawk, und wenn, so waren es nur abwertende Bemerkungen zu seiner Hautfarbe. Hudson war sehr, sehr traurig darüber. Er war nie Schuld an den Indianerkriegen, niemals beteiligte er sich an Skalpjagden oder tötete einen roten Mann. Seine Welt war die Natur und er tötete nur um zu überleben, sei es aus Eigenschutz oder um Nahrung zu erhalten. Seine Felle brachten ihm ein paar Dollars ein, die er gut brauchte für Munition und Werkzeug. Der Sommer kam ins Land und der Frühling erwachte. Hudson beobachtete, wie das Mädchen ihn immer wieder verstohlen anblickte. Sie flochte Körbe und gerbte Felle, aber sie sprach nur sehr wenig mit ihm.

Aber sie lief nicht davon... aber das hatte andere Gründe, die Hudson Hawk später erfahren sollte. Im Laufe der Zeit wurden die Augen des Mädchens immer wärmer. Ja, sie lächelte ihn sogar mal an, als er ihr eine schöne Prärieblume von seiner Tour mitbrachte. Sie kochte ihm auch immer was Gutes zum Essen als er erschöpft heimkam. Sie hatte erkannt, dass ihre Meinung über ihn voreingenommen war. Sie sah, wie er kranke Tiere pflegte. Sie sah, wie er liebevoll die Natur betrachtete, wenn abends die Sonne unterging im Sakanian County. Und sie sah, wie er liebevoll einen verwaisten jungen Bären großzog. Ja, sie beobachtete ihn genau, sie studierte ihn.

Die Monate vergingen und eines Abends schmiegte sie sich an ihn und sagte leise: „Hudson Hawk, du bist ein guter Mensch. Du hast mein Leben gerettet. Mein Stamm stieß mich damals aus, weil ich mich gegen die Anweisungen meines Vaters stellte. Ich sollte einen Mann heiraten, den ich nicht liebte, sondern hasste. Ich war bereit zu sterben, doch sie setzten mich in der Wildnis aus. Dann kamst du. Ein Weißer, ein Mann, der mein Volk bekämpft und ausrottet, so dachte ich jedenfalls... damals. Hudson lass mich deine Frau sein, lass uns Vergangenes vergessen und lass uns gemeinsam alt werden." Hudson wollte es nicht glauben, was er da vernahm. Noch die Tage dachte er daran, sie zu ihrem Volk zu bringen und nun sah plötzlich alles ganz anders aus. Er beurteilte die Lage völlig falsch. Ja, er ahnte ja noch nicht mal, dass sie Gefühle für ihn hatte. So wurden Morning Sunrise und Hudson Hawk ein Paar. Eine tiefe Liebe entwickelte sich und jeder hätte sein Leben für den anderen hergegeben. Und Hudson Hawk sowie auch Morning Sunrise wussten genau, wenn einer von beiden gehen würde, so würde der andere auch in die Ewigkeit folgen. Sie bauten sich eine schöne neue Blockhütte am Yukon River und lebten ein ausgefülltes Leben.

Oft sprachen sie darüber, dass alles seine Fügung hatte. Aus ihrer Liebe entstanden zwei prächtige Söhne und eine Tochter. *- Ende -*

1.13 Die Pokerrunde

Langsam ging die Sonne hinter den rauhen Bergen von Tombstone County unter. Sie verbreitete ein goldenes Licht im Silver Nugget Saloon. Bret saß mit drei anderen Spielern in einer Ecke im Saloon und spielte seit Stunden Poker. Er hatte gut gewonnen und wollte jetzt den Abend abschließen mit einem Spiel, das alles schlägt.

Die Karten wurden vergeben und Bret schaute in sein Blatt. Verdammt, dachte er sich, das ist ja gar nichts. Noch nicht nicht mal ein Pärchen. Was sollte er tun?

Er überlegte, wenn er eine Karte nahm, sah es aus, als hätte er ein Vierling - zu hoch um den Pott hochzutreiben. Nahm er zwei, täuschte er ein Drilling vor, kein tolles Blatt, aber immerhin gut. Nahm er drei, so wusste er, die anderen meinen, er hat ein Paar auf der Hand. Bret schaute verstohlen zu seinem Nachbarn auf der rechten Seite. Es war ein dicker Geschäftsmann, der ständig schwitzte. Er nahm keine neue Karte. Bret beobachtete ihn weiter. Er sah, wie das linke Augenlid ständig zuckte und der Dicke unruhig aus dem Fenster blickte. Nein, der hatte bestimmt nichts auf der Hand.

Er schaute unauffällig nach links. Dort saß Laramie Jones, ein bezahlter Kopfgeldjäger, der wohl zur Zeit keinen "Kunden" hatte. Laramie nahm zwei Karten... eigentlich tat er das schon den ganzen Abend und nie ging er sehr hoch mit beim Setzen. Bret dachte nach. Wenn er den Pott hoch genug treibt, wird er aussteigen, der kalte Revolvermann. Bret zog seinen schwarzen Hut etwas tiefer in seine Stirn und musterte den dritten Gegner. Es war ein Rancher, der dauernd ein Saloongirl auf dem Schoß sitzen hatte und auch jetzt mit ihr rumalberte. Er nahm nebenbei drei Karten. Er verlor schon den ganzen Abend, doch Bret wusste, dass es ihm nur auf das Girl ankam.

Das Spiel war nicht wichtig für ihn, auch er setzte nie hoch. Bret entschied sich, nahm vier Karten. Der Revolvermann grinste. Der Rancher gluckste wie ein Biber und der Geschäftsmann sagte: „Na, Mister Bret haben sie Bison Sch... auf der Hand?" und er lachte selber am meisten über seinen blöden Spruch.

Bret grinste ihn salzig an und schaute auf die vier neuen Karten die er bekam. Aber er schaute nur ganz kurz, denn er wollte ja die Gesichtszüge von den anderen beobachten, wenn sie die Karten nahmen. Der Rancher schüttelte unmerklich den Kopf und schmiss sein Blatt auf den Tisch: „Steige aus", sagte er heiser und widmete sich wieder dem Girl. Sie kicherte unentwegt und er zahlte ihr alle Drinks, was ihr vom Saloonkeeper und Besitzer immer wieder ein Augenzwinkern einbrachte. Der Geschäftsmann lächelte hinterlistig vor sich hin. Bret schaute zu Laramie. Laramie Jones ließ seine zwei neuen Karten auf dem Tisch liegen und nahm sie nicht auf. Nun sollte der Drilling, den er auf der Hand hat wohl klar sein... sollte.

Bret blickte auf seine vier neuen Karten... es waren zwei Asse und ein Bubenpärchen in Rot. Immerhin wusste er jetzt, welche Karten die anderen nicht hatten... nämlich zumindest die Asse nicht oder zwei davon. Er schob 100$ in die Mitte und steckte sich kommentarlos einen mexikanischen Zigarillo an. Tief inhalierte er und blies den Qualm in Laramie Jones Richtung, der ihm schräg gegenüber saß. Neben ihm quitschte das Saloongirl. Er schaute kurz hin und guckte verärgert.

Laramie Jones ging mit dem Einsatz mit , seine zwei neuen Karten lagen immer noch verdeckt auf dem Pokertisch. Der Geschäftsmann zog nach. Als der Einsatz bei 1000 $ lag atmete der Geschäftmann schwer und warf seine Karten mit einem Fluch hin. Gut so, dachte sich Bret... dann spiele ich es halt mit Laramie aus. Mittlerweile war der Rancher in eines der Zimmer nach oben gegangen.

Der Geschäftsmann betrank sich an der Bar, er hatte genug verloren. Laramie Jones erhöhte erneut.

Nun nahm er doch die Karten vom Tisch auf, die verdeckt waren. Nur einen Moment, einen kleinen Moment zuckte sein Mundwinkel. Bret lachte innerlich... er hatte bestimmt nichts... er war sicher. Es war jetzt nur eine Frage, bis er die Nerven verlor... eine Frage, wie hoch der Einsatz wurde. Bret schob erneut 500$ lustlos in die Mitte und schnippte seine Asche neben den Tisch. Er nippte an seinem Whisky und fixierte Jones.

Jones Blicke wurden unruhig. Er griff in seine Jacke, doch da war kein Geld mehr. Verlegen fragte er Bret: „Akzeptierst du einen Schuldschein?" Bret schüttelte langsam den Kopf: „Nein, mein Freund, die Regeln waren klar... keine Schuldscheine, aber ich will sehen; du brauchst nicht mitzugehen im Einsatz."

Laramie warf wütend die Karten hin... sie lagen offen vor Bret. Er hatte nur ein Pärchen. Bret deckte auch auf und seine Hand ging langsam unter seine Jacke, während er Laramie beobachtete. Laramie Jones fauchte: „Du hast heute Abend etwas zu viel Glück gehabt“, sagte er reizend. „Nun manchmal kommt es halt vor", lächelte Bret und spürte an seiner rechten Hand das kühle Eisen seines kleinen Bullcolts.

„Aber heute war es etwas zuviel Glück du Bastard!", schnarrte Laramie und sprang auf. Er zog schnell und glatt. Doch er hatte sein Revolver erst halb aus dem Halfter als Brets Colt bellte. Laramie riss die Augen auf und sank in die Knie. Sein Revolver fiel schwer auf die Holzdielen.

Ungläubig blickte er auf den rauchenden Colt von Bret. Er stöhnte nochmals auf und streckte sich, bevor er wie ein Sack auf die Dielen fiel. Leicht staubten die Sägespäne auf, mit denen der Saloonboden bedeckt war.

Bret steckte seinen Colt ein... nahm das Geld vom Tisch und sagte leise: „Wieder ein dummer Büffel weniger, der nicht verlieren kann." Er lüftete seinen Hut und fuhr sich durch sein dichtes schwarzes Haar, bevor er ihn wieder aufsetzte.

Er freute sich auf die nächste Stadt und auf die nächste Pokerrunde. Er war ein Spieler und das war sein Leben. Vielleicht solange bis er eine Frau fand, die ihm das Gegenteil bewies...

- Ende -

1.14 Der schwarze Hengst

Es war ein lauer Sommerabend irgendwo im Navajo Gebiet, in der Nähe des Staates Utah. Die Sonne ging in einem glutrotem Feuerball unter und die ersten Sterne warfen ihr ewiges Licht aus dem Himmel. Patricia Stuart blickte vom Hügel herab in das weite wunderschöne Tal unter sich. Immer wieder schaute sie nach dem schwarzen Hengst, der dort unten friedlich graste.

Sie war ein echtes Cowgirl der alten Garde und erlebte alle Höhen und Tiefen des Cowboy Lebens wie ein harter Mann. Seit Jahren wollte sie den Hengst dort unten ihr eigen nennen, doch alle Versuche schlugen fehl. Sie kam weder nahe genug an ihn heran, noch ließ er sich einfangen. Sehnsüchtig betrachtete sie sein glänzendes Fell und seufzte andächtig auf, als er kurz den edlen Kopf hob und in die Abenddämmerung hinein wieherte. Die warme Abendluft spielte mit seiner Mähne und er stand dort unten wie ein Zeugnis von Anmut und Kraft. Sie zog ihren Stetson ab und fuhr sich durch das lange wellige Haar, das wie Seide an ihren Schultern in sanften Schwüngen niederfiel. Sie setzte den Hut wieder auf, beugte sich leicht vor und legte ihre Arme auf das Sattelhorn.

Der Hengst blickte schelmisch zu ihr hoch und ließ sich kaum beeindrucken. Pat drehte sich leicht herum als sie Pferdegetrappel hörte. Old Sparrow der Navajo Chief kam langsam heran geritten. Er blieb neben ihr stehen und folgte ihrem Blick zum Hengst. „Du sehnst dich nach ihm, du möchtest ihn?", fragte er sie sanft.

Sie blickte ihm in seine schwarzen Augen und hauchte dann mit Blick auf den Hengst: „Oh ja, ich will ihn mehr als alles andere auf der Welt, doch ich komme nicht an ihn heran." Old Sparrow spürte ihr Verlangen. Er bemerkte ihren unbändigen Wunsch, diesen Hengst zu besitzen. Er war ein weiser Mann und er wusste stets den richtigen Rat und so sprach er: „Pat du kennst mich besser als jeder Cowboy hier im Umkreis von 500 Meilen und so denke ich, dass ich dir mal was sagen muss. Ein Pferd, jedes Pferd ist sehr eigen. Du willst den Hengst besitzen, doch schau mal wie glücklich er dort unten ist, so frei in seinem Leben. Er wird dieses Leben nur aufgeben, wenn du ihm alles bedeuten würdest. Darum versuche ihn nicht einzufangen oder einzusperren, sondern suche seine Liebe und seine Beachtung. Werde seine Freundin und lasse ihm seine Weide, sein Reich. Komme täglich hierher, bringe ihm etwas mit und werde so zu einem Teil seines Lebens. Mit viel Geduld wird er von sich aus dir näher kommen, und genau dort liegt dein Ziel. Wenn er deine Zuneigung spürt und akzeptiert, so wird er seine Freiheit opfern und dir bis in den Tod ein treuer Gefährte sein."

Pat blickte ihn lange an und meinte: „Du hast recht Old Sparrow, nur auf diesem Wege kann ich ihn bekommen."

Die Jahre vergingen und Pat wurde zur einer reifen Frau. Sanft streichelte sie den starken Hals von Dark Lightning und hauchte ihm sanft in sein Ohr, „Mein Hengst, meine Liebe einst auf der Weide und ich konnte dich nicht bekommen. Doch meine Geduld und meine Gefühle zu dir siegten und nun bist du schon viele Jahre mein. Dein Fell ist grauer geworden, dein Feuer hat nachgelassen, doch wir sind zusammen und es war so bestimmt. Du bist mein Leben, meine Seele und mein, Dark Lightning."

Der Hengst wieherte wie damals auf der Weide und rieb seine weiche Schnauze an ihrer Wange. Sie umarmte seinen Hals und genoss seine Wärme und seinen Pulsschlag an ihrem Körper.

- Ende -

1.15.1 Weihnachten im Wilden Westen (Jefferson Lake)

Er stützte seine rauhen Hände auf das Sattelhorn und zog tief an seiner selbstgedrehten Zigarette. Er blickte in das weit ausgreifende Tal unter sich und sah den Rancher mit seinem Sohn auf dem Feld Holz schlagen. Er beobachtete den Rauch, der aus dem Ranchhaus gen Süden abzog, und er roch den Duft von frischem Kuchen mit Ahornsirup und Kaffee.

Am nahen Bach sah er die zwei kleinen Mädchen lustig spielen. Es war Weihnachtszeit in good old Texas und sein Name war Jefferson Lake. Er tätschelte den Hals seines braunen Hengstes und sagte: „Auf geht's Amigo, hier sind wir richtig und hier werden wir Weihnachten verbringen."

Und es wurde die schönste Weihnachtszeit die Jeff jemals erlebt hatte - in all seinen Jahren alleine in der Wildnis.

Ab diesem Zeitpunkt feierte er nie wieder Weihnachten alleine in der Einsamkeit zwischen Geflüster von Hasen und Bieber...

- *Ende* -

1.15.2 Der traurige Rancher

Traurig saß er am Kaminfeuer und überlegte sich, wie er seine Familie durch den Winter bringen sollte. Die Ernte war schlecht dieses Jahr und viele seiner Rinder fielen der Kälte zum Opfer. Die Town Bank wollte dieses Jahr noch den Kredit zurückbezahlt haben und seine liebe Frau wurde des öfteren mit dem gutaussehendem Mexikaner in der Stadt gesehen.

Er griff die Whisky Flasche und nahm einen tiefen Schluck daraus. Erneut war seine Frau über Nacht weggeblieben. Die Kinder ahnten nichts davon, obwohl ihnen durchaus auffiel, dass "Mama" abends des öfteren nicht da war.

Sein Name war Jimmy Landscape, und er hatte es nie leicht im Leben. Doch nun sah er keine Lösung mehr. Die Kinder können zu Onkel Jack gehen und dort ihr neues Zuhause finden, aber seine Frau wird er nie wieder so lieben können, wie am Anfang.

Und dies alles passiert gerade jetzt zur Weihnachtszeit... er war verzweifelt.

Er war bereits stark angetrunken , aber sein Geist war klar, so klar wie die klirrende Kälte in Oklahoma im Jahre 1865 , denn dieses Jahr schrieb man zur Zeit. Jimmy beschloss, die Kinder zu Onkel Jack zu bringen und sein weiteres Leben in der Einsamkeit zu führen. Die Natur und die Tiere würden seine Freunde werden und der Sonnenaufgang würde ihm jeden Tag zeigen, dass sein Leben weitergeht. Irgendwann, wenn viel Zeit ins Land gegangen ist, würde er seinen Schmerz vergessen und versuchen, ein neues Leben anzufangen.

Und so sattelte er sein Pferd, brachte die Kinder weg und hinterließ seiner Frau einen kleinen Abschiedsbrief. Sein Weg war bestimmt durch das Leben was ihm begegnete.

Weihnachten war für ihn nun die Zeit etwas zu ändern.

Diese Zeit wird er jetzt in Zukunft alleine verbringen müssen, bis er wieder bereit ist, in das Leben zurückzukehren.

Anm.: Jefferson Lake kam zurück und Jimmy Landscape ging! Wir werden nie erfahren, was Jeff erlebt hat, auch werden nicht erfahren, wie es Jimmy erging! Aber ein wissen wir genau: Es gibt immer zwei Seiten der "Medaille" und genau deswegen, schrieb ich jetzt diese Geschichte dazu...

Ride to the West and Test the Best !!

-Ende -

1.16 Das Ereignis

Es war einer der lauen Abende am Rio Grande, die Juanita immer so mochte. Heute saß sie wieder am Fluss, doch irgendwas war anders als sonst.

Der Himmel sah viel blauer aus... die Vögel sangen viel lauter und der Wind spielte mit ihrem Haar. Yeah... dachte sie sich... ich bin wohl verliebt. Ihre Gedanken kreisten um die Vergangenheit. Nie hatte sie so empfunden wie jetzt, aber wieso fragte sie sich immer wieder. Was hatte dieser Stallbursche an sich, was machte ihn als Mensch aus. Ein Mensch, dessen Blick ihr direkt ins Herz ging. Sie drückte ihre Hände an ihre Brust und seufzte leicht. Nie hätte sie gedacht, dass nur das Wesen eines Mannes ihr Herz erobern konnte. Doch hatte er es erobert?

Im Grunde nicht, denn es waren ihre Gefühle - Gefühle, die einfach da waren. John Cougar war sein Name, unauffällig, bescheiden und sehr scheu. Heute war jener Abend, an dem sie ihn treffen wollte, ganz alleine am Rio Grande. Sie war so aufgeregt, ihr Herz klopfte. Immer wieder blickte sie in die glitzernden Spiegelungen der Sonne im Wasser. Manchmal kam es ihr so vor, als ob sein Antlitz sich dort manifestieren würde.

John Cougar war nicht vorbereitet auf so etwas. Immer wieder dachte er sich, wieso gerade ich. Es kamen ihm Zweifel, hielt er doch von sich selber gar nicht so viel. Doch war das sein Schicksal ? Jetzt wo Juanita in sein Leben getreten war?

Eigentlich war John nie der Typ, den es lange am gleichen Ort hielt. Er war ein Rambler... ein Mann der mal hier und mal dort sein Glück versuchte. Er hielt die Hand vor die Augen und suchte den Punkt, den Juanita ausgewählt hatte. Es zuckte leicht in ihm, als er sie dort sitzen sah. Was dachte sie gerade, wie fühlte sie sich?

Ihm jedenfalls war ein wenig mulmig, er wusste ja gar nicht, wie er sich verhalten sollte. Juanita hörte das Pferdegetrappel hinter sich und schreckte aus ihren Gedanken hoch. Dort war er, der Mann, den sie seit Tagen nicht aus ihrem Kopf bekam. Langsam ritt er heran. Er sah gar nicht mehr aus wie ein Stallbursche. Nein, er sah edel, großmütig und selbstsicher aus. Sie war verzückt...

John Cougar ließ sich nichts anmerken als er abstieg und langsam sein Pferd absattelte. Wenn sie wüsste, dachte er sich nur. Sie kam zu ihm gelaufen und er spürte ihre Aufregung. Nun ich mache es mal kurz, sie kamen sich also näher im Laufe des Abends.

Sie saßen gemeinsam am Lagerfeuer und John Cougar wurde nachdenklich. Er erzählte ihr von seinem Leben, seine Zeit als US Deputy Marshal, seine Zeit als Outlaw, seine Zeit als Gejagter. Juanita hörte mit höchster Spannung seinen Erzählungen zu. Er war nicht das, was er vorzugeben schien, soviel stand für sie fest. Doch war das ein Nachteil?

Sicherlich nicht, denn sie liebte ihn bereits als Stallburschen, jetzt wo sie wusste, dass er ein "echter" Mann war, umso mehr.

Aber warum wurde John Cougar so?

Nun... das ist wiederum eine andere Geschichte, die ich später mal erzählen werde. Das Leben des John Cougar... wäre ja mal ein interessanter Titel... oder? Also gut, Juanita und John kamen zusammen, blieben zusammen und bereuten nichts, absolut gar nichts...

Wie das Leben so spielt, kommt plötzlich ein Ereignis und alles ist anders, anders als vorher. Auch John Cougar erlebte dieses, wenn auch in der Form, dass er die Liebe zu einer Frau neu entdeckte.

- Ende -

1.17 DIE DREI COWBOYS

Es waren einmal drei Cowboys, die sich in einer stillen Stunde zum Lagerfeuer gesellten. In die traute Runde platzte ein Farmer hinein und begann, von seinen wilden Abenteuern zu erzählen. Der eine Cowboy lächelte milde zu seinen Ausführungen. Der andere Revolvermann missachtete seine Lügen. Der dritte Recke jedoch, zog seinen Colt und schoss auf den Farmer.

Der erste Cowboy fragte ihn, warum er dies tat und bekam zur Antwort: „Er war ein Schwätzer und schmückte sich mit fremden Lorbeeren, die er nie erwarb." Der zweite Revolvermann blickte nachdenklich zu Boden. Der erste Cowboy blickte seine Freunde an und sagte: „Jeder Mensch weiß für sich selber, seinen eigenen Wert einzuschätzen. Durch die Worte dieses Farmers wurde kein Leid erzeugt und keiner geschädigt. Bedenkt bitte, dass auch ein Farmer ohne Kampferfahrung, sich an unseren Taten orientiert und sich diese zum Vorbilde nimmt. Er drückte unterschwellig seine Bewunderung für uns aus. Alles fängt im Geist an. So sah ich in diesem Zusammenhang den richtigen Weg, auf Worte Taten folgen zu lassen, die man für sich selber bereits angenommen hat. Es ist unerheblich, ob seine Worte nun der Wahrheit entsprachen oder nicht, aber eines steht fest, seine Gedanken haben sich damit beschäftigt. Mit dieser Aktion wird er sich selber motivieren können. Die Worte den Taten vorzuziehen ist zwar der umgekehrte Weg, aber letztendlich eine Vorbereitung zu einer Aktion."

Die beiden Gunmen schauten ihn lange an und derjenige der den Farmer angeschossen hatte lächelte: „Der Farmer ist nicht tot , ich brachte meinen Schuss genau so an, dass er überleben wird. Aber eine kleine Lektion kann erheblich motivierend sein, ein wenig realer zu denken und die Worte als Ziel zu formulieren und nicht als Tatsache." Sie lachten alle zusammen und begannen ihr Mahl einzunehmen. *- Ende -*

1.18 **Die zwei Freunde**

Im wilden Galopp trampelten die Pferde den lockeren Schlamm am Ufer des Rio Grandes heraus. Wild schrie Gerald zu Jason: „Wir halten das Tempo, sie sind an uns dran." Jason lachte laut und schmiss die leere Whisky Flasche hinter sich. Sie spornten ihre Pferde an. In wilder Manier ritten sie durch den Fluss und das Wasser spritzte nach allen Seiten. Gerald riß sein Pferd herum, „Hier entlang Jason, runter in diese Senke." Sie preschten den Abhang hinunter und sprangen beide ab.

„Jetzt die Pferde runter und halte die Nüstern zu, schnell!" Keine vier Minuten später donnerte die Posse an ihnen vorbei. Es waren acht Mann aus der Town, extrem harte Burschen und somit auch für Jason und Gerald eine Nummer zu groß. Acht Mann der besonders harten Sorte. Gerald grinste: „Die reiten bis morgen früh noch in die falsche Richtung, jetzt zurück zum Fluss Jason. Hart sein, bedeutet nicht immer auch schlau zu sein." Sie saßen am Fluss und schauten auf die große Staubwolke in der Ferne und lachten. Jason kühlte sein geprelltes Auge mit klarem, kaltem Wasser. Auch Gerald hatte einige Verletzungen und legte seinen blanken Oberkörper direkt in das Wasser. Als sie rauchend unter der Trauerweide am Fluss saßen, blickten sie sich lächelnd an. „Du Gerald, begann Jason, „Gerald, sie hatten es doch verdient, diese Jefferson-Boys?"

„Aber klar", lachte Gerald und sagte: „Die Söhne von Old Jefferson verdienen immer eine Abreibung; sie sind Schläger und Revolvermänner. Am Farmleben nehmen sie nie teil. Sie leben vom Geld des Alten und terrorisieren die kleinen Rancher.“ „Aber sie werden uns jetzt folgen, egal wohin, diese angeheuerten Desperados", meinte Jason leise. „Ach was, wir haben genug Vorsprung, wir gehen rüber nach Arizona, sollen sie sich dumm und dämmlich suchen", flachste Gerald und reichte Jason die Whisky Flasche.

Sie tranken ihn diesmal nicht nur, sondern nutzen ihn zur Desinfektion ihrer Risse und anderen Wunden am Körper. Zwischendurch gab es auch mal einen kräftigen Schluck, der Whisky konnte ja vielseitig eingesetzt werden. Gerald und Jason waren die besten Freunde seit Jahren. Sie lernten sich damals beim großen Goldrausch kennen. Sie taten sich zusammen und schürften in der Wildnis Gold.

Es war eine harte Zeit für beide, aber sie schweißte sie auch zusammen. Beide waren bedingungslos füreinander da und einer rettete dem anderen schon mehrfach das Leben. Jason war der ruhigere von beiden, während Gerald mehr die treibende Kraft war. Jason war Halbindianer, seine Mutter war eine Cheyenne. Gerald hatte mexikanisches Blut in sich, was ihm ein besonders verwegenes Aussehen verlieh. Leider warf das Goldschürfen nicht viel ab und so beschlossen sie, erstmal in den Süden zu reiten, um einen neuen Weg auszuprobieren.

Die Zeiten beim Goldschürfen waren voller Abenteuer und Gefahren. Sie wurden mehr als Freunde, sie wurden Blutsbrüder. Ganz besondere Blutsbrüder, denn sie tranken gegenseitig ihr Blut in einem Ritual. Jason wollte es so, es war ein Brauch der Cheyenne Schamanen, um eine Blutsbrüderschaft auf ewig zu dokumentieren. Auch hatten sie beide eine Tätowierung. Es waren die gekreuzten Pfeile, ein Symbol für ewige Freundschaft, sie brannten es sich damals direkt in das eigene Fleisch, oberhalb des Handgelenkes. Im Süden heuerten sie auf einer Ranch an und waren automatisch gleich in eine große Fehde der Rancher verwickelt.

Auf der einen Seite war Old Jefferson mit seinen Söhnen, auf der anderen Flint Cunningham, der Viehzüchter. Da Gerald und Jason keine Ahnung hatten, was Sache war, war es ihnen eigentlich egal wo sie ihre Dollars verdienten. Im Laufe der Zeit erkannten sie aber auch, daß Old Jefferson nicht ganz legal vorging.

Auch besaßen seine Jungs keine Ehrlichkeit und Anstand. Und so kam es, dass sie eben diesen Rabauken einen Denkzettel verpassten im Dark Bison Saloon. Dummerweise waren die Jungs von Old Jefferson in der Nähe, nämlich diese harte Söldnertruppe, die eigens für den Ausbau seiner Macht engagiert wurde. Gerald lachte erneut: „Die drei Söhne werden bestimmt jetzt gut gepflegt auf der Ranch, was Jason?" Jason blickte hoch, während er noch den Verband um den Arm prüfte: „Yeah Gerald, welch eine Schmach für Old Jefferson, seine Söhne in diesem Zustand vorzufinden ich denke, der hat sie nochmal zusätzlich auspeitschen lassen." Gerald gröhlte: „Na aber sicher."

Sie brachen nach drei Stunden in Richtung Arizona auf; sie waren erstmal fertig hier. Aber vorher holten sie sich noch ihren Restlohn von Flint Cunningham und den extra Bonus, den sie sich wirklich verdient hatten. Aber die Sache wurde ihnen jetzt zu heiß, und auch Flint war der Meinung, sie sollten für eine Weile abtauchen. Es war am frühen Morgen des nächsten Tages, als sie lachend und feixend den Mesa Pass entlang ritten und sich immer noch amüsierten über die Schlägerei im Saloon.

Da fiel der Schuss! „Verdammt", fluchte Gerald, „das war ganz in der Nähe, schauen wir mal nach Amigo." Sie trabten vorsichtig seitlich durch die verstreuten Dornenbüsche und kamen auf einen neuen Weg, dem sie in Richtung des Schusses folgten. Sie blickten in eine kleine Senke, die von einem großen Felsmassiv umgeben war.

„Schau dir nur diesen großen Puma an, Gerald" krächzte Jason. "Devil, dem Mann ist nicht mehr zu helfen aber das Kätzchen gehört mir", sagte Gerald hektisch. Sie stiegen beide ab. Gerald zog seine Sharps Rifle mit Zielfernrohr aus dem Scabbard und legte auf dem Sattel des Pferdes auf. Er zielte drei Minuten lang bevor der Schuß sich donnernd löste und das schwere Geschoss seinen Weg nahm.

Der Puma war gerade dabei, die Vorräte aus den Satteltaschen des unbekannten Mannes zu fressen, als ihn die schwere Kugel erfaßte und ihn einen halben Meter hochschleuderte und er klatschend wieder aufschlug. Das laute Fauchen und Brüllen dabei schallte durch das Tal. Der Puma lag zuckend und verendend am Boden. „Verdammt guter Schuß", sagte Jason lapidar. Gerald sagte nur: „Yeah, mein Freund, auch dir rettete dieses Talent schon öfter dein Leben." Jason wußte genau, wovon er sprach und erinnerte sich kurz an die vielen Situationen damals, als Gerald ihm mehrfach das Leben rettete. Nur waren es damals Wölfe oder Bären oder auch mal ein Indianer, der seinen Skalp wollte. Sie liefen langsam zum Ort der Grauens hin. Sie stellten fest, dass der Mann ein Bote der Regierung war und fanden neben einigen Dollars auch eine Botschaft. In dieser Botschaft stand das Ersuchen um Hilfe an den nächsten Fort Kommandanten.

Es handelte sich um einen Geldtransport mit Lohngeldern für die Minenarbeiter und eine Überführung von Gold der Regierung. Die Route war genau eingezeichnet und es stand auch darin, dass dieser Transport besser geschützt werden muß, wenn er durch das Revier diverser Outlaws und Indianer führte. Gerald grinste teuflisch und sagte: „Jason, auf genau so etwas habe ich mein Leben lang gewartet, wenn wir es richtig machen, werden wir sehr reich".

Jason schaute sich das Schreiben genauer an, „Gerry, das ist mir zu groß, hier ist ein amtliches Siegel vom Gouverneur; wir sollten dieses Schreiben schnellstens zum Fort bringen oder einem Sheriff übergeben". Gerald riß ihm die Depesche aus der Hand, „Nein Jason, verstehst du denn nicht, das ist unsere grosse Chance. Der Puma hat diesen Mann getötet, und wir haben Informationen, die kein anderer hat, das müssen wir ausnutzen." „Gerry, wir sind keine Verbrecher das weißt du genau, wir müssen ja keinen töten, um an das Geld zu kommen, mir fällt schon etwas ein. Ich habe kein gutes Gefühl dabei," schimpfte Jason.

Sie diskutierten noch eine Weile, bevor sie in die Richtung aufbrachen, in der der Transport zu finden sein müßte. Als sie den Transport zwei Tage später fanden, schlichen sie in das Lager und klauten die Säcke mit Geld und nahmen auch etwas Gold mit. Ihre Fähigkeiten im Schleichen waren in der Wildnis damals fast perfekt geworden - aber nur fast.

Sie wurden bemerkt und Gerald mußte drei Wächter aus den Stiefeln schießen. Jason kochte vor Wut, so war es nicht abgesprochen worden. Sie flüchteten aus dem Lager und die Hetzjagd begann. Eine Woche später... sie waren ihrer Fünf. An der Spitze ritt Marshall Thomas Deer, ein erfahrener Mann, der den Geldtransport führte. Neben ihm war Crazy Eagle, der Scout des Zuges. Die anderen drei waren Deputy Sheriffs der Städte, zu denen der Geldtransport unterwegs war.

Sie sollten dann das Geld an die Minenarbeiter verteilen. „Crazy Eagle, wie ging es den angeschossenen Männern, als du in der Stadt warst?," fragte Marschall Thomas Deer den Scout. „Sie werden alle drei durchkommen, sie hatten Glück. In ein paar Stunden sind wir nahe genug an den zwei Banditen dran, um sie zu stellen." Crazy Eagle blickte von den Spuren hoch und sah in den Himmel, „Es zieht ein Sturm auf, wir sollten Schutz suchen und rasten Marshall," sagte er mit seiner dunklen Stimme.

Und so schlugen sie ihr Lager auf - in der Nähe einer Felskette. „Verdammt Gerald, du hast drei Männer getötet dafür werden sie uns hängen", brüllte Jason ausser sich vor Wut. Sie waren seit einer Woche sehr aggressiv zueinander und stritten sich ständig. „Ach lass mir doch die Ruhe Jason, es ging nicht anders, ich musste es tun." „Du hättest gar nicht schießen müssen, die wussten doch gar nicht, wo wir waren", fauchte Jason zurück. Gerald griff einen großen grauen Geldsack mit der Aufschrift "US Property" - Eigentum der Vereinigten Staaten - und schmiß ihn Jason zu. „Ist es das nicht wert gewesen!", schrie er.

„Niemals ist der Tod von Menschen durch Geld zu rechtfertigen, Gerry", sagte Jason leise, „aber es zieht ein Unwetter auf, wir müssen campieren." „NEIN", brüllte Gerald „Das ist unsere Chance, den Vorsprung auszubauen, das müssen wir ausnutzen." „Du bist ja völlig verrückt, Gerald, das Land hier wimmelt von Schluchten und Abgründen; es ist Wahnsinn bei Regen, Blitz und Donner in dieser Dunkelheit weiter zu reiten", rief Jason energisch. „Ich reite weiter", erwiderte Gerald stur. Was sollte Jason tun? Sie saßen im gleichen Boot, hatten das gleiche Problem, kamen zusammen in diesen Mist rein und ja, zu guter Letzt, waren sie ja auch Blutsbrüder.

Es kam wie es kommen musste, sie verirrten sich im strömenden Regen. Der Wind peitschte ganze Wasserfontänen vor ihnen her. Es war stockdunkel, keine Orientierung möglich. Jason kam zu nahe an einen Abgrund und stürzte ab. Er fiel auf einen Felsvorsprung und konnte sich darauf halten. Er rief sogar um Hilfe. Aber Gerald suchte nicht nach ihm, sondern nahm die vielen Dollars und das Geld und ließ Jason im Stich. Jason hörte sein wahnsinniges Lachen noch eine ganze Weile von dem kleinen Plateau aus, auf dem er hockte. Gerald hatte jetzt die ganze Beute für sich allein.

Jason wurde später von den Verfolgern gerettet und Gerald von ihnen gestellt. Als sie Gerald gefesselt und verletzt heranbrachten, schrie er panisch: "Jason, Jason mein Freund, sag ihnen doch, dass wir das Geld zurückgeben wollten, sag ihnen, dass wir es uns anders überlegten und alles bereuten." Jason erfuhr die Tage, dass es keine Toten gegeben hatte bei dem Überfall, doch Gerald glaubte, der Strick stände ihm bevor. Und jetzt sollte er auch noch lügen für Gerald. Eine Lüge, die er von ihm als Freund verlangt, um sein Leben zu retten, so wollte es Gerald haben. Doch was war mit dem Leben von Jason? Es war Gerald egal, als er ihn im Stich ließ, ja, noch nicht mal gesucht hat er nach ihm - das Geld war wichtiger für ihn.

Jason sagte zu ihm: „Gerry, es ist vorbei, es gab keine Toten bei dem Überfall, sie werden uns nicht hängen. Sie haben ja auch das Geld zurück. Aber du hast etwas sehr viel Wertvolleres verloren. Du hast einen Freund, einen Bruder, verloren, der sein Leben für dich gegeben hätte, ohne zu zögern. Das Geld war dir wichtiger, als alles andere, was wir zusammen erlebt hatten. Selbst mein Leben war dir egal geworden, Gerry.

Und auch, wenn wir beide nicht hängen werden, so hast du trotzdem etwas zerstört in mir. Wir waren eins, wir waren immer füreinander da, bis du dich vom Materiellen hast blenden lassen. Wie konntest du nur so handeln?"

Gerald stierte ihn an, „Verzeih mir Jason, es tut mir leid; ich war wie von Sinnen, wahnsinnig vom Geld und dem vielen Gold, bitte verzeih mir mein Bruder." Jason blickte ihn lange an und senkte betrübt sein Haupt „Gerry in einer tiefen Freundschaft, wie wir sie hatten, kann man vieles verzeihen, aber nicht das Leben eines Freundes vor dem Geld, es tut mir leid, Leb wohl."

Was wäre passiert, wenn sie sich nach Jahren erneut wieder getroffen hätten? Hätte Jason jemals diesen Fehler verzeihen können?

Jason bekam 10 Jahre wegen Raubüberfalles und Gerald 15 Jahre wegen des gleichen Delikts und Mordversuches. Der Tag der Zusammenkunft kam eines Tages doch: über 30 Jahre später...

Jason hatte seinen besten Freund und Blutsbruder nie vergessen. Immer und immer wieder überlegte er die Jahre, ob er vielleicht nicht ganz so hart hätte reagieren sollen. Seine Strafe von 15 Jahren Zuchthaus war doch genug... oder? Eines Tages saß er mal wieder beim Angeln. Es waren mittlerweile über 30 Jahre vergangen. Jason war Farmer geworden und hatte eine sehr nette Familie mit Frau und Kindern.

Er blickte in die untergehende Sonne und sah einen Reiter herankommen. Er stutzte leicht aber diesen Mann kannte er, ja er kannte ihn verdammt gut. Es war sein bester Freund Gerald von damals. Er war elegant im mexikanischen Stil gekleidet und sein Pferd war von edelster Herkunft. Man sah er mußte sehr reich sein. Er kam langsam herangeritten und blickte Jason an.

Langsam begann er zu sagen: „Hello Jason, wie ich sehe, hast auch du es geschafft. Ich erwarte nicht, dass du mir verzeihst, aber eines sollst du jetzt dennoch erfahren."

Er stieg ab und kam an Jason heran, der immer noch wie eine Säule da stand. Gerald setzte sich auf einen Stein und sagte in leisen aber doch deutlichen Worten: „Als ich damals aus dem Zuchthaus entlassen wurde, begann ich eine Pferdezucht und verdiente prächtig damit. Ich kaufte einiges an Land, unter anderem auch deines, worauf du dein Zuhause erschufst.

ICH war derjenige der dein Leben im Hintergrund zu dem machte, was es jetzt ist.

ICH verkaufte - über einen Vermittler - dieses Land, mehr als günstig an Dich.

ICH war verantwortlich dafür, dass du immer günstig Pferde und Vieh erwerben konntest, auch wenn du dachtest, du hättest einfach Glück im Geschäft.

Ja, ich sorgte sogar dafür, dass dein Land frei von Outlaws und Pferdedieben blieb. Ich arrangierte es sogar, dass deine Söhne einen Job auf der Ranch 5 Meilen von hier bekamen.

Ich wollte, dass es dir und deiner Familie gut ging und damit meine Schuld an dich tilgen. Ich wußte damals wirklich nicht, was ich tat, vielleicht kannst du mir heute verzeihen?

Es tut mir alles so entsetzlich leid, was damals geschah." Jason setzte sich zu ihm und schaute ihn an. Auch Gerald war alt geworden und man sah ihm das Leben an. Er hatte wirklich viel getan, damit das Leben von Jason gut verlief; ja er hatte dafür gesorgt daß es glücklich und harmonisch wurde. Jason war überzeugt das Gerald HEUTE anders handeln würde, als damals an der Schlucht.

Ja er glaubte daran, dass ein Mensch sich ändern kann und Gerald war so einer. Er nahm ihn an der Hand und half ihm auf.

So standen sie beide vor einander und Jason zog seinen Ärmel hoch und zeigte seine eingebrannten gekreuzten Pfeile am Handgelenk. Gerald drückte sein Handgelenk an das seine und sie brauchten keine Worte mehr.

Gerald blieb noch die ganze Woche als Gast bei Jason und seiner Familie. Sie erfuhren nie, was er für sie alles getan hatte.

Sie blieben jetzt für IMMER Freunde und Blutsbrüder.

Es war das Geheimis zwischen Gerald und Jason, das sie bis zu ihrem Tode hüteten.

Als das Ende nahte, kamen sie alle zusammen und lauschten der Geschichte der ZWEI FREUNDE.

- Ende -

1.19 **Das größte Geschenk**

Hopeful Jones warf wütend sein Messer in den Sand. Er blickte auf seine leere Falle und fluchte. Seit Tagen knurrte ihm der Magen, doch sein Glück blieb fern.

Er war ein Mann mitte Vierzig, mit scharf geschnittenem Bart. Sein Gesicht war leicht oval und von Wind und Wetter gegerbt. Gekleidet war er in einem Hirschlederanzug mit Bärenfellmütze. Vor Jahren beschloss er, der Zivilisation den Rücken zu kehren. Zuviel Habgier, zuviel Heuchelei und Betrug, es reichte ihm. So lebte er für sich in der Einöde der Rocky Mountains, fernab jeder Menschenseele. Er wusste, dass es unten in der Town reichlich Nahrung gab, und auch Gutes zu trinken.

„NEIN", schrie er in die Weite hinaus, „nein, niemals werde ich dort hinabgehen und betteln, niemals!"

Die Tage vergingen und Hopeful Jones wurde schwächer und krank. Im Fieberwahn irrte er in den Wäldern umher und war orientierungslos. Das sanfte Licht einer Kerze weckte Hopeful Jones auf. Misstrauisch blickte er sich um. Er sah ein einfach eingerichtetes Zimmer. Es war eine Blockhütte. An den Wänden hingen Töpfe und Haken und anderes Werkzeug. Er selber lag auf einer Pritsche mit einem Lammfell bedeckt. Sally Clarke war seit dem Tod ihres Mannes auf sich selber gestellt. Sie hatten ein kleines Stück Land erworben mit einer Wasserstelle. Ihr Mann ging von ihr, als sie die glücklichste Frau der Welt war.

So war das damals im wilden Westen, ein Schlangenbiss und alles war vorbei , auch für Sally. Sie dachte über den Mann nach, der vor 5 Tagen im Fieber vor ihrer Hütte lag. Ein Mann, sie kannte ihn nicht, sie wollte ihn nicht kennen, doch sie konnte ihn auch nicht sterben lassen, wie ein krankes Tier. Hopeful Jones beobachtete die Frau, wie sie im Gemüsegarten schuftete.

Er sah ihr wallendes Haar, ihre Bewegungen und er fühlte sich lebendiger als je zuvor. Er öffnete die Hüttentür und schritt auf den Vorplatz. Wild saugte er die frische Bergluft in sich hinein und streckte sich. Mittlerweile hatte ihn Sally bemerkt und kam mit einem Gewehr heran. Rein zufällig deutete die Mündung auf seine Brust. „My Name ist Jones, Hopeful Jones, Lady“, grinste er. „Howdy Mr. Jones, ich fand sie vor 5 Tagen. Sie waren mehr tot als lebendig", antwortete Sally höflich, „ich bin Sally Clarke."

Hopeful Jones erholte sich prächtig und Sally begann ihn zu mögen, doch eines Abends als er wieder von seinen Abenteuern erzählte, blickte er sie sanft von der Seite an: „Sally, ich schulde dir mein Leben, wie kann ich das wieder gutmachen?" Sally blickte ihn verwirrt an und sagte leise, „Jones, es gibt auf der Welt Dinge, die man nicht ausgleichen oder zurückzahlen kann. Die größte Freude für einen Menschen, ist das Schenken ohne Revanche, nur dann und nur dann, weiß man, es kam vom Herzen, alles andere wäre ein Geschäft. Ich schenkte dir dein Leben, ich rettete dich, nimm dieses Geschenk an, es macht mich glücklich, DU machst mich glücklich. Ich schenkte mir im Grunde selber etwas, Hopeful Jones."

Hopeful Jones gingen diese Worte lange nach, immer wieder grübelte er darüber. Er erkannte, dass nicht alles mit gleicher Münze zurückgezahlt werden muss. Und er beschloss nun auch zu geben , um sich selber gut zu fühlen. Hopeful Jones gab Sally alles was er besass, sein Herz, seinen Körper und seine Seele. Sally tat es ebenso. So beschenkten sie sich gegenseitig, aber nie als Gegenleistung, sondern immer nur als Antwort. Sie zogen hinunter in die kleine Stadt und wurden anerkannte Bürger. Hopeful Jones fand den Bezug zu den Menschen wieder und Sally verlor ihre Verbitterung und Trauer. So gaben sich beide durch ihre Liebe das wertvollste Geschenk, dass je ein Mensch auf dieser Welt erhalten kann.

- Ende -

1.20 Der grosse Geist

Die Zeiten der Indianerkriege waren längst vorbei und heute hatte Golden Eagle ein schönes Appartement in New York und einen Sohn. Dennoch blieben Erinnerungen erhalten, Legenden und Erzählungen aus der damaligen Zeit. Gemütlich saß er mit seinem Sohn Jeffrey vor dem knisternden Kaminfeuer, er nannte sich jetzt Ben Eagle der heutigen Zeit angepasst. Heute war der Abend, an dem er seinem Sohn eine der vielen Legenden erzählen wollte. Sein Sohn saß neben ihm und blickte ihn neugierig an als Ben eine Weile in die Flammen blickte und dem Holz zuhörte, wie es knisterte. „Bist du bereit Jeff?", fragte er sanft. „Oh ja, heute ist der Abend, den du mir so oft versprochen hast, Dad Ben."

Ben blickte ihn an und fing an zu erzählen: „Damals vor vielen, vielen Jahren kamen die drei Großen Geister auf die Erde herunter. Der eine hieß **Krieg**, der andere **Seuche** und der dritte **Freiheit.**

Krieg weidete sich am Töten, am Sterben von Menschen und dem vielen Unheil und dem Chaos, das der Mensch verursacht hatte, es vergnügte ihn.

Seuche mochte es, wenn Menschen krank waren, dahin siechen und leiden, unendliches Leid gefiel ihm am besten ,es erfreute ihn.

Freiheit mochte keines von beiden, aber er mochte es, wenn die Menschen frei und ohne Leid und Unglück leben konnten.

Eines Tages kamen sie alle zusammen in der grossen kosmischen Blase, um sich zu treffen." **Krieg** war verärgert, die Menschen kämpften nicht mehr und keiner tötete mehr den anderen, das war langweilig für ihn. **Seuche** war grummelig, da kaum Krankheit und Leiden mehr vorhanden waren, keiner litt mehr, um ihm Freude zu bereiten.

Freiheit war etwas mehr zufrieden und erhoffte sich noch mehr für den Menschen.

Freiheit sagte zu den anderen beiden: „Nun **Krieg**, dein Erfolg, dass es noch mehr Tote gibt kam nicht. Der Mensch denkt nun anders darüber.

Seuche, du bist auch nicht richtig dort, die Menschen haben dazu gelernt. Es ist nun die Zeit gekommen, uns zu vereinigen und einen neuen großen Geist zu erschaffen."

So vereinigten sich **Krieg**, **Seuche** und **Freiheit** und formten **GLÜCK**.

Glück war die große Seele, der große Geist, der aus den Dreien hervorging und zurück auf die Erde kehrte. Der Mensch war jetzt glücklich, der Weg war weit und klar. Es gab keinen Nebel mehr und die Sicht war frei, keine störenden Gedanken mehr. Die Ketten waren abgelegt.

Alle Steine, Bäume, Sümpfe lagen am Rande des Weges. Der Mensch blühte auf und folgte der Straße der Zufriedenheit.

„Ist **Glück** denn noch auf der Erde, Ben?", fragte Jeffrey aufgeregt.

- Ende -

1.21 Eine neue Freundschaft

Josh Winslop war ein harter Mann, doch er hatte ein gutes Gefühl für Gerechtigkeit. Es war am Anfang eines kalten Winters im Jahre 1856 in Wyoming. Träge zogen die Nebelschwaden am Ufer des Little Big Horn Rivers vorüber. Josh Winslop war schon öfter hier, doch in dieser Jahreszeit haßte er den Fluss und das Land. Am Horizont war der Himmel bläulich. Es wäre nichts Neues in dieser Zeit einem Schneesturm zu begegnen. Sein Auftrag als Scout des Colonel war, den alten Trapper Mad Jack zu verhaften. War ihm ja gesagt worden, dass diverse Einbrüche in Armeebestände zu Lasten dieses Mannes gingen. Nun gut, dann sollte er zur Rechenschaft gezogen werden, und Josh bekam seine Prämie.

Der kalte Wind zog pfeifend durch das weite Tal. Josh zog den Kragen seiner Lammfelljacke ein Stück höher. Vorsichtig näherte er sich der Hütte des Trappers. Er sah einen recht rüstigen alten Mann vor der Hütte, der an einem Tannenzweig bastelte. Josh ritt näher heran. Der Alte blinzelte ihn frech an und sagte: „Komm näher mein Sohn. Schau, was ich hier mache. Es ist ein Kranz... hmm ja, ein Kranz für meine Tochter. Auch wenn es nur eine Kleinigkeit ist, so weiß ich doch, dass sie diesen Kranz sehr schätzen wird."

Josh blickte auf die Hände des Alten... sie waren rau und faltig. Sein Gesicht war wie Leder und ein weißer Bart umrahmte sein Gesicht. Der Trapper lud Josh in seine Hütte ein. Er hatte nicht viel - das sah Josh sofort und trotzdem bot der Alte ihm einen Kaffee an. Sie unterhielten sich lange. Am Ende kam heraus, dass der Alte nur in das Depot eingebrochen war, um zu überleben. „Der Winter kam viel früher als sonst" meinte er, „meine Fallen waren meist alle leer. Ich hatte nichts zu essen, auch wollte ich meiner Tochter auch mal so ein schönes Kleid aus Lousiana schenken."

Er rieb sich seine wässrigen Augen und schluchzte vor sich hin.

Josh sah, es war ehrlich, so ehrlich, dass selbst er seinen Kaffee stehen ließ. Nun, Josh brachte den Trapper getreu seines Auftrages ins das naheliegende Fort. Unterwegs sprachen beide nichts. Es schien, als ob beide nachdachten, worüber auch immer. Mad Jack saß schon den zweiten Tag in Arrest. Er sollte dem örtlichen Marshal überstellt werden, doch der war einige Tage unterwegs. Es war eine dunkle Nacht und ein leichter Schneesturm zog auf. Jack blickte gedankenverloren vor sich hin, was hatte er jetzt noch?

Er hatte gar nichts, absolut nichts. Plötzlich klimperte etwas vor seiner Zellentür. Jack schrak auf und sah nach. Er glaubte, es nicht, was er dort sah. Ein Messer, ein großes, stabiles Bowieknife lag da. In der damaligen Zeit war es üblich, in den Forts Arrestzellen aus starken Baumstämmen und Brettern zu bauen. Sicherlich gab es schon Eisen, doch sowas durchs Indianerland in ein Fort zu bringen war sehr schwierig und endete meist damit, dass man eher den Indianern Material für Waffen lieferte. Jack schnitt schnell die starken Seile durch, die seine Zellentür zuhielten. Der Rest war ein Kinderspiel. Die Nacht war dunkel, die Sicht schlecht. Er rannte in den Schnee hinaus... erstmal weg hier. Einige Meilen vor dem Fort, brach er erschöpft zusammen.

Jack schlug seine Augen auf und sah ein warmes Feuer. Er fühlte sich sehr wohl in den Fellen, die seinen Körper bedeckten. Er blickte sich weiter um und sah den großen Mann, der ihm freundlich zunickte. Es war Josh Winslop, der dort saß. Jener Mann, der ihn ins Fort brachte. Jener Mann, der ihm an allem zweifeln ließ, was er an Menschlichkeit kannte.

Jack begriff sehr schnell und sagte nur wenig: „Danke Mister, vielen Dank! Das werde ich niemals vergessen." Josh winkte nur ab, gab ihm ein Päckchen Geld und sattelte sein Pferd. „Adios old fellow", brummte er mit seiner tiefen Stimme und ritt fort.
Drei Monate vergingen...

„Verdammter Pfeil", zischte Josh, „das musste jetzt nicht sein." Josh war auf einer Außenmission unterwegs gewesen und kam zufällig in einen Konflikt mit den Indianern hinein. Er ritt wie der Teufel. Sein Pferd schlug den Schlamm nur so nach hinten weg, Sie waren hinter ihm her... drei Rote... drei Sioux. Er hatte wenig Chancen, das wusste Josh... und doch war da etwas, was ihn trotzdem vorantrieb... eine Macht... ein Gefühl... er wusste nicht was. Da krachen Schüsse dachte er sich... er nahm wenig wahr, er war bereits stark geschwächt vom Blutverlust, dennoch sah er schemenhaft, wie nach und nach die Indianer verschwanden.

„Das war aber eine knappe Sache mein Sohn", hörte er eine Stimme sagen und spürte, wie man ihm auf die Backe schlug. „Oh, das sieht nicht gut aus. Ich werde mal die Wunde reinigen und einige Kräuter auflegen", hörte er noch, bevor er ohnmächtig wurde.

Der Kamin brannte heiß. Josh sah ihn dort sitzen. Ja, es war der alte Trapper von damals. Doch diesmal war es ein anderes Blatt, was gespielt wurde. Sie unterhielten sich sehr lange. Keiner erwähnte die Taten des anderen. Jeder wusste, der andere hatte sehr viel riskiert. Es glich sich aus, und es kam, was kommen musste: sie wurden Freunde. Es war wie ein Wink des Schicksals. Josh tat etwas, was er sonst nie getan hätte und Jack, der Trapper, half Josh, ohne auch nur einmal nachzudenken, ob er sich gefährden würde oder nicht.

Beide hatten großen Respekt voreinander. Josh sah den Trapper jetzt mit ganz anderen Augen. Freundschaft, geboren aus Respekt, Anerkennung, Menschlichkeit und gerechtem Denken. Josh beschloss damals, den Schaden aus eigener Tasche zu bezahlen, hatte er doch dem Trapper ein Päckchen Dollars gegeben. Er hatte ihn befreit, weil er wusste, dieser Mann ist kein schlechter Mensch. Der Trapper wusste, was getan wurde und war dankbar, nun auch geholfen zu haben.

Mittlerweile hatte Jack Gold gefunden. Es ging ihm sehr gut. Er lud Josh ein. Er hatte sich ein kleines Haus gekauft. Seine Tochter lebte bei ihm. Nun, der Rest ist schnell erzählt! Josh war ein attraktiver Mann und das Mädchen eine liebe Frau.

So hatte Josh nicht nur einen treuen Freund gefunden, sondern auch noch eine Frau.

Seine Ziele waren jetzt völlig anders, als an jenem Tag, als er einen alten Trapper verhaften sollte, der das Gesetz aus lauter Verzweiflung und Lebenswillen gebrochen hatte.

Wie das Leben so spielt, hätte Josh auch nicht im entferntesten gedacht, dass sich die Dinge so entwickeln würden. Freundschaft geboren aus Menschlichkeit, guten Willens und eine gewisse Art der Selbstlosigkeit. Ja, sowas ist stark... sehr stark.

- Ende -

1.22 **Sanchez**

Vorwort:

Mexiko war damals ein sehr armes Land. Entweder war man Bauer oder Gesetzloser oder im Dienste eines reichen Hazienderos, viele Alternativen hatte man da nicht.

"Sanchez wurde zum Gesetzlosen und dies ist seine Geschichte." Geplagt durch die Zweifel und der Ungerechtigkeit in dieser Welt, änderte er sein Leben.

Hart klatschte seine Hand auf den von Furchen und Rillen geprägten alten Tisch in der Bodega. Langsam hob er sie an und blickte auf die zerquetschte Fliege. Er lachte heiser und rauh und schnippte die Fliege mit dem Zeigerfinger vom Tisch. So schnell kann man Leben auslöschen, aber es zu erschaffen, war ein Wunder der Natur. Er legte die Füße hoch und trank bereits seinen fünften Tequila. Er war ein gefürchteter Mann im Lande. Doch das war nicht immer so. Langsam ließ er den brennenden Tequila in den Hals laufen. Er legte sich weiter zurück und begann über sein Leben nachzudenken.

Er erinnerte sich, wie er als armer Bauernsohn auf den Feldern ackerte und wie der Familie gerade genug zum Leben blieb. Auch wusste er noch genau, wie der reiche Haziendero immer wieder Pacht wollte und diese auch öfter für einen Monat erhöhte. Er war so wütend über diesen Mann. Immer wieder - als er im Angesicht seines Schweißes die harte Feldarbeit machte - wurde seine Wut größer. Alle paar Wochen wurde er sogar zusammengeschlagen von den Schergen des Don Fernando's und konnte tagelang nicht mithelfen auf dem Felde. Er sah seinen Vater schuften wie ein Tier. Aber es reichte nicht, um die Unkosten zu decken. Aber so war das wohl beabsichtigt. Aber warum taten sie es so gerne? Es hatte keinen besonderen Grund.

Aber er war einer der Armen im Lande, nur ein Bauernsohn und das genügte einfach dazu, ihn zu quälen. Sie hatten ihre Freude daran! Don Fernando hatte dadurch immer einen Grund, sie erneut zu schicken. Doch er behielt alle Namen in seinem Kopf und kannte nichts mehr als Rache für die Demütigungen, die er ertragen musste. Es waren ihrer drei an der Zahl und Don Fernando. Der erste war Jefe´ ein Mischling, er war halb Apache und halb Weißer. Der zweite war ein übler Ganove und Schläger. Er hieß Raoul und er stank immer sehr nach Whisky und Schweiß. Der dritte war Old Fellow Gun. Keiner kannte seinen wirklichen Namen, aber das war unwichtig. Der Typ war das Böse in Person.

Sanchez dachte an die alte Zeit als Heranwachsender zurück. Einen Revolver konnte er sich nicht leisten. Aber das gute Bowiemesser, was er damals einem Fallensteller klaute, wurde das Werkzeug zur Rache. Täglich übte er mit dem schweren Messer alle Situationen durch. Er warf im Fallen, im Liegen und aus der Drehung und so kam es, dass er als junger Mann ein Ass mit diesem legendären Messer wurde. Das "Bowie-Knife" erhielt seinen Namen von dem berühmten Trapper James Bowie. Er veränderte sogar leicht die Griff-Form, damit das Messer wie eine Zweite Hand in seiner lag. Als er von zu Hause weg ging, um seine Aufgabe zu erfüllen, war eh alles verloren.

Sein Vater wurde unter einem erfundenen Grund verhaftet und gehängt. Seine Mutter landete in der Prostitution und seine Schwester im Kloster der Nonnen. Sanchez grübelte weiter...

Die Nacht brach herein und Sam der Saloonkeeper drehte allmählich die Dochte der Kerosinlampen herunter. Er blickte zu Sanchez und sagte: „Sanchez, Du bist einer meiner besten Freunde. Dir habe ich viel zu verdanken. Nimm Dir nur den Tequila, den Du brauchst heute, Esmeralda wird gleich zu Dir kommen. Sie ist in der Küche fertig." Sanchez blickte ihn stumm an und lächelte nur.

Esmeralda war eine leichte Frau und circa 156 cm groß. Sie war damals auch bei Don Fernando beschäftigt.

Eines Tages - Sanchez war gerade in seinem Rachefeldzug unterwegs - fand er sie an einem Fluss nahe des Anwesens von Don Fernando. Ihre ärmliche Kleidung war zerissen und sie hatte viele Kratzer und Verletzungen am Körper. Sanchez wusste sofort Bescheid und sagte damals nur ein Wort: „Wer?"

Wie die Dinge so sind und meistens passen, war er nicht überrascht, als sie unter Tränen den Namen von Don Fernando zitternd sagte. Er nahm sie mit sich und verschaffte ihr einen Job bei Sam. Dort war sie gut aufgehoben. Sam war ehemaliger Colonel der Nordstaaten Armee und hatte hier in Mexiko die alte Bodega von Ramirez übernommen und zu einem Texas Saloon umgebaut. Der Laden lief sehr gut auch aus der Tatsache heraus, dass er immer guten US Whisky im Angebot hatte. Durch seine politischen Beziehungen konnte Don Fernando sich niemals mit diesem Mann anlegen, zumal Sam eine große Gruppe "schneller" Boys unter Vertrag hatte, die seine Whisky - Transporte mit dem Colt schützten, die immer einen weiten Weg hatten, aus den Staaten runter in den Süden.

Esmeralda setzte sich zu Sanchez auf den Schoß. Sie war für diesen großen rauhen Mann leicht wie eine Feder, fast wie eine Schmusekatze. Nie hatte er ihr erzählt, was damals geschah und nie hatte er erwähnt, dass er auf Rache aus war. Esmeralda schmiegte sich an ihn und legte ihre weichen Arme um seinen Hals. Sie streichelte sein unrasiertes Gesicht zärtlich und fragte leise: „Sanchez irgendetwas stimmt mit Dir heute nicht. Ich spüre das. Magst Du mir etwas sagen oder erzählen? Tu es Sanchez, heute Nacht ist eine gute Nacht dafür."

Sanchez schaute sie lange an: „Kleines, Du hast recht, heute sollst Du alles erfahren, was damals geschah.

Es beschäftigt mich schon den ganzen Abend. So höre mir zu und verstehe mich - und am Ende werde ich Dich etwas fragen. Ich werde es nur einmal fragen, aber dafür mit dem Herzen." Esmeralda hatte Tränen in den Augen als sie sagte: „Sanchez, so erzähle mir alles, einfach alles - ich werde Dich nicht unterbrechen."

Und Sanchez fing an mit schwerer Zunge, aber mit viel Emotion, seine Geschichte zu erzählen: „Wie Du bereits damals schon wusstest, war Don Fernando ein Tyrann im Land. Er zerstörte mein Leben und das, meiner Familie. Anderen armen Mexikanern in seinem Land, erging es ähnlich. Am Anfang war es gar nicht mal so schlimm, aber seitdem das Silbererz auf seinem Land gefunden wurde, erkannte er schnell, dass damit jede Menge Pesos zu verdienen war. Weitaus mehr, als er durch die spärlichen Pachten herauspressen konnte. Immer mehr Bauern verschwanden aus dem Land oder wurden zum Schweigen gebracht. Auch uns traf es damals sehr hart. Nachdem mein Vater unter einem Vorwand einfach gehängt wurde, flüchtete meine Schwester hinter die dicken Klostermauern des Sankt Helena Klosters. Meine Mutter verkauften sie an ein Bordell weiter im Süden. In diesen Häusern konnte man als Frau nur überleben, wenn man attraktiv war. Wie ich später erfuhr, nahm sich Mutter eines Abends das Leben aus Scham und Resignation. Ich war alleine mit meinen Gefühlen. Es waren Gefühle der Wut, der Enttäuschung, des Hasses und der Verzweiflung. Und so beschloss ich, mein Leben der Rache an diesen Personen zu widmen, die für alles verantwortlich waren."

Er erzählte weiter: „Eines späten Abends ritt ich mit meinem Pferd in die Nähe des Anwesens von Don Fernando. Ich schlich mich in sein Haus, schlug ihn nieder und nahm ihn einfach mit. Keiner, der betrunkenen Vaqueros bemerkte es. Als ich ihm mein Messer an den Hals drückte, sodass bereits etwas Blut zu sehen war, winselte und jammerte dieser große Don Fernando um sein Leben.

Es war erbärmlich. Ich beschloss, diesen Feigling nicht zu töten. Aber er sollte mein Zeichen sein restliches Leben lang mit sich tragen. Ich wischte das blutige Messer an seinem weißen Seidenhemd ab, während er sich beide Hände vor das Gesicht hielt und krisch, wie ein kleines Kind. Er hatte jetzt eine diagonale Wunde quer durch das Gesicht. Eine Wunde und ein Mal zugleich, was er immer sah - und ihn an mich erinnerte. Ich wusste, er würde das nicht einfach so hinnehmen.

Ich wusste, er würde seine besten Männer hinter mir herschicken. Aber so wollte ich es ja. Ich wollte sie nicht suchen, sie sollten mich finden, denn es war mein Plan und meine Rache. Und so kam es dann auch, dass Jefe´, Raoul und Old Fellow Gun hinter mir her waren. Sie waren schlau und trennten sich, denn nur so war die Chance, mich zu finden am größten. Ich erzählte so nebenbei Don Fernando, dass ich Richtung Norden unterwegs sei, während ich ihn gut verschnürt und blutend vor der alten Eiche am Eingang seines Anwesens zurückließ. Nun Jefe´ war mir am nächsten gekommen. Ich sah ihn vom Berg herab sorgfältig meinen Spuren folgend. Aber ich war vorbereitet."

Sanchez wurde müde, aber er erzählte weiter: „Ich umritt ihn und lockte ihn hinter mir her in einen schmalen Canyon. Dort hatte ich einen Draht gespannt in Höhe eines Reiters. In vollem Galopp ritt er dagegen und wurde aus dem Sattel gerissen. Ich sprang ihn an und stach mein Messer tief in seinem Arm. Ich wollte es kurz machen, aber er war geschmeidig, wie eine Wildkatze und drehte sich weg. Ich warf ihn auf den Boden und spürte wie seine Klinge in meinen Bauch fuhr. Aber ich merkte auch, dass die Klinge mich nur streifte. Ich schlug ihn nieder. Aber er stand immer wieder auf. Wir kamen immer näher an den Canyonrand heran. Jefe´war in Rage und seine Augen waren blutunterlaufen. Ich wusste, ein Kampf wurde nicht alleine durch Kraft entschieden. Wie ein Puma sprang er mich jetzt an mit dem Messer in der Hand. Ich duckte mich und er stürzte über mich in den tiefen Canyon hinein.

Niemals werde ich diesen langen Schrei vergessen, der mindestens 4 Sekunden anhielt, bevor er am Canyonboden aufschlug. Jefe´ war tot und ich fühlte mich alles andere als glücklich. Meine Rache an ihm war vollzogen worden, aber ich tötete nicht gerne. Ich beruhigte mich ein wenig mit dem Gedanken, dass Jefe´ es selber verschuldet hatte, so zu sterben. Er hätte mein Leben mit Sicherheit nicht geschont. Blieben noch zwei in meiner Racheliste."

Esmeralda hatte es sich jetzt etwas bequem gemacht und hüllte sich in eine weiche Indianerdecke. Sie schaute Sanchez an und hauchte: „Erzähle weiter Sanchez, bitte tu es."

Und Sanchez fuhr fort, während er sich eine selbstgedrehte ansteckte: „Der Zweite, der mir näher kam, war nun Raoul. Für ihn, den Schläger, hatte ich mir etwas besonderes ausgedacht, ja, Raoul sollte die sinnlose Gewalt an seinem eigenem Körper spüren. Damals war die Erschließung des Landes durch die Eisenbahn in den Anfängen. Die Union Pacific war im Osten während die Southern Pacific Railroad von Westen her das Land erschloss. Im Rahmen meiner "Flucht" vor den Hetzern Don Fernando's kam ich eines Tages nach New Mexico. Sam hatte dort einige Freunde bei der Eisenbahn. Er gab mir ein Empfehlungsschreiben mit. Ich lockte wiederum einen Mann hinter mir her. Old Fellow Gun, den Dritten im Bunde, sah ich zu dieser Zeit nie. Ich lockte also Raoul hinter mir her, so dass er eines Tages das Eisenbahn Camp erreichte. Ich hatte ihn gut genug beschrieben. So kam es, dass er eine gewaltige Tracht Prügel von den stahlharten Burschen der Eisenbahn bezog. Selbstverständlich war der Chef des Lagers zu dieser Zeit abwesend. Tom McBride war schwer in Ordnung und unterstützte sofort meinen Plan. Er war der Leiter des Lagers und grinste mich mit den Worten an: „Yeah, meine Jungs müssen auch mal was anderes haben, als nur die täglichen Schwielen an den Händen vom Schienen verlegen." Somit war die Sache klar und mit Handschlag besiegelt worden.

Raoul bekam die volle Packung. Sie schlugen ihn zusammen, so wie er es damals mit mir tat. Als er dann blutend am Boden lag ließen die Eisenbahner ihn einfach liegen und wollten zufrieden einen Trinken gehen. Doch Raoul machte den Fehler seines Lebens. Er zog den Revolver und erschoss einen der Eisenbahner brutal. Jetzt war auch jedes Ehrgefühl bei den Eisenbahnern vorbei. Sie droschen auf Raoul ein, wie nie zuvor. Der Schmerz über den Verlust einer der Ihren machte sie rasend. Später meinte der alte Sanitäter im Lager, dass Raoul ab jetzt immer ein Krüppel bleiben werde,und auf die Hilfe anderer Menschen angewiesen sei. Mir reichte dies als Rache, wenngleich ich auch dafür nicht direkt verantwortlich war. Wiederum war einer selber für sein Schicksal verantwortlich. Bliebe noch Old Fellow Gun... Als ich mal wieder hier war bei Sam nach einigen Monaten, bekam ich Nachricht, dass Old Fellow Gun und Don Fernando Streit hatten. Don Fernando wollte Erfolge sehen und keine Nachrichten über tote oder verkrüppelte Männer. Im Streit erschoss Old Fellow Gun Don Fernando und war seitdem selber auf der Flucht. Da es Mord war und kein normaler Kampf, setzte die Verwandtschaft von Don Fernando ein hohes Kopfgeld aus, dass alle möglichen Kopfgeldjäger heranlockte. Old Fellow Gun wurde schnell gestellt und standrechtlich exekutiert. Meine Rache war somit vollstreckt, aber so richtig gut fühle ich mich bis heute nicht dabei."

Mit diesen Worten beendete Sanchez seine Ausführungen.

Esmeralda blickte Sanchez tief in die graublauen Augen und sagte in einem leisen Ton, den er nie bei ihr zuvor hörte: „Sanchez, so höre meine Worte. Sie sind genau so, wie ich es jetzt sage: „Dir wurde viel Leid angetan, sehr viel Leid. Du hast alles verloren, was Dir lieb war - aber Du hast auch jemanden gefunden. Du hast zwar eine Rache angestrebt, doch Du gabst allen ihre Chance. Die Sache mit Jefe´ war irgendwie ein Unfall. Ich weiß auch, ihn hättest Du verschont. Aber Du hättest verhindert, dass er jemals wieder mit seinen Händen Böses tun würde.

Raoul bestimmte sein Schicksal selber und erschoss einen Menschen. Und Old Fellow Gun schickte einen bösen Menschen in die Hölle."

Sie lachte leise: „Eine Ironie, dass Böses sich mit Bösem bekämpft, aber auch Old Fellow bekam seine Strafe. Sanchez, du bist ein guter Mensch und dein Handeln verstehe ich sehr gut. Selbst in deinem Hass war noch deine Menschlichkeit zu spüren.

Du bist ein edler Mensch, auch wenn dein Hass sehr groß war. Versuche zu vergessen und fange neu an, mit deinem Leben."

Sanchez wusste nicht, was er sagen sollte. Er nahm sie in die Arme und fragte sie zärtlich: „Willst Du mit mir zusammen ein neues Leben beginnen, Esmeralda, und mir helfen, diese Dinge zu vergessen? Willst du an meiner Seite stehen und meine Sorgen zu den deinen machen? Willst du mich als den Mann nehmen, der ich bin?"

Esmeralda antwortete nicht, sondern umarmte ihn und küsste ihn lange auf den Mund. Der alte Sam saß die ganze Zeit im Nebenzimmer und bekam alles mit. Er wischte sich eine Träne aus dem Augenwinkel und ging zu den Beiden rüber.

Er schaute Sanchez an und drückte ihm kräftig die Hand. Sanchez wusste die ganze Zeit, dass auch Sam seiner Geschichte lauschte - ja, er wusste es.

- Ende -

1.23 **Die Lehre**

Es war einer der Sonnenuntergänge, die Fighting Falcon so mochte - im Lande der Sioux. Einer der Sonnenuntergänge, die ihm die Kraft gaben, klar zu denken und zu kämpfen. Heute jedoch war sein Herz schwer und seine Kraft am schwinden. Er blickte hoch an die Felskante und sah, wie jeden Abend um diese Zeit, Smooth Eagle und Little Dove dort sitzen. Little Dove war die schönste Indianerin im ganzen Land. Tagtäglich blickte er dort hinauf und begann Smooth Eagle zu hassen , nahm er ihm doch die Frau, die er so begehrte.

Immer wieder überlegte Fighting Falcon, was dieser Mann hatte, was er selber nicht besaß. Er hörte das helle Lachen von Little Dove und sah, wie sie sich an Smooth Eagle lehnte. Wütend zerbrach Fighting Falcon den Krug mit Mescal und beschloss Smooth Eagle "loszuwerden". Er war selber überrascht, wie er auf diesen Gedanken kam, war er doch ein Teil des gleichen Stammes... das gleiche Holz. Fighting Falcon beschloß nun - er war der Sohn des Häuptlings - den Nebenbuhler in den Krieg mit dem weißen Mann zu schicken, vielleicht löste das sein Problem.

Die Jahre vergingen und Smooth Eagle blieb verschwunden. Little Dove und Fighting Falcon kamen sich näher. Alles hatte für Fighting Falcon nun seine Richtigkeit. Oftmals sah er Little Dove auf dem Felsen sitzen und in die Weite der Prärie starren. Er sah auch ihre dicken Tränen, die an ihrem schönen Gesicht herabliefen. Er war immer noch wütend auf Smooth Eagle. Er wurde ihn nicht los, zu tief saß er im Herzen von Little Dove .

Eines Tages, es war spät am Abend, kam Fighting Falcon von der Jagd zurück. Er war müde und unaufmerksam. Er hörte das Knurren des Pumas zu spät und spürte den mächtigen Körper im Genick. Ein Kampf auf Leben und Tod entbrannte. Da fiel ein Schuss und der Puma sackte in sich zusammen.

Er stand wieder auf und sprang den Fremden an. Der Fremde zog sein Messer und kämpfte um sein und um das Leben von Fighting Falcon, der verwundet am Boden lag. Der Fremde war siegreich und kam zu Fighting Falcon gelaufen. Es war Smooth Eagle, der Mann, den er auf bösartigste Weise aus der Welt haben wollte.

Smooth Eagle gab ihm die Hand und versorgte die Wunden. Fighting Falcon blickte ihn an und sagte: „Du hast mir das Leben gerettet, dich selber in Gefahr gebracht. Dein Herz ist gut und dein Wille ist edel. Niemals hätte ich an deiner Stelle so gehandelt. Ich hasste dich, ja ich hasste dich derart, dass ich dich nie mehr wieder sehen wollte. Doch jetzt bin ich froh, dich zu sehen und ich weiß auch jetzt, warum Little Dove dich liebt. Ich weiß nun, was du hast, was ich nie hatte, nämlich Ehre, Stolz und Selbstlosigkeit einem anderen gegenüber, der in Gefahr ist. So nimm Little Dove als deine Frau, meine Ehre ist zerstört und mein Platz ist nicht mehr an ihrer Seite, Smooth Eagle."

Fighting Falcon stand auf und ging mit niedergebeugtem Haupt hinweg. Smooth Eagle hielt ihn an der Schulter fest und sagte sanft: „Mein Bruder, mein Stammesbruder, ich war im Krieg und ich wusste, du hast mich dorthin geschickt. Ja ich wusste auch, dass du die Frau liebtest, die ich hatte. Deine Gefühle verlangten nach ihr und so gab ich ihr die freie Wahl, uns beide zu beurteilen. Das funktionierte aber nur, solange ich weg war und ihr euch kennenlernen konntet. Ich hoffe, du weißt jetzt, wie ein Mann sein muss um das Herz von Little Dove zu besitzen. Ich verzichtete, um dir die Lehre zu ermöglichen. Ich wusste, sie würde mich nie vergessen, ich wusste es sehr sicher. "

Fighting Falcon blickte Smooth Eagle lange an und flüsterte:

„Niemals werde ich in Zukunft eine Frau begehren, die sich nicht selber für mich entscheidet. Niemals werde ich einen Freund zum Feind machen,wegen einer Frau.

Und niemals werde ich selber nachhelfen, die Liebe einer Frau zu erhalten."

Smooth Eagle lächelte ihn an und sagte: „So sei mein bester Freund, ihr bester Freund und freue dich über unser Glück. Auch für dich, wird eines Tages eine Frau ihr Herz vergeben und dich glücklich machen."

Fighting Falcon war zäh... ein Kämpfer, doch als er die Hand von Smooth Eagle nahm, hatte er auch eine Träne im Auge. Little Dove sah, wie sich Figthing Falcon entwickelt, wie er Ehre, Stolz und Selbslosigkeit lerne, und eines Tages lächelte sie Smooth Eagle an und sagte: „Er ist wie du geworden, heute wäre mir die Wahl sicher schwer gefallen."

Smooth Eagle lachte und zog an ihren Haaren: „Komme mir nur nicht auf dumme Gedanken Little Dove."

„Nein Smooth Eagle, das wird nie passieren." Und sie lachten beide und auch Fighting Falcon lachte, denn er lauschte dem Gespräch.

- *Ende* -

1.24 **Gewusst wie...**

Damals in der rauhen Frontier Zeit pflegte man auffälligen Persönlichkeiten gewisse Spitznamen zu geben, wie z.B. Billy the Kid, Buffalo Bill oder Wild Bill Hitchcock. Doch es gab auch einen, der ziemlich unbekannt war, nämlich "Kaktus Jack". Nein, nicht weil er immer unrasiert war, bekam er den Namen, sondern weil er keinen zu nahe an sich heran ließ. Heute würde man vielleicht "Kratzbürste" sagen, doch Kaktus Jack zog eine nette Legende mit sich, die auch heute noch gern erzählt wird.

Da gab es ein Mädchen. Naja. eher schon eine junge Frau, die überlegte sich ständig, wie man an den Stacheln von Kaktus Jack vorbei kam. Immer wieder wanderte sie in die Wüste und betrachtete die Kakteen dort. Sie überlegte, wie man denn sowas anfassen könnte, ohne sich weh zu tun.

Im Laufe der Zeit - es war ein lauer Sommerabend - begann sie, einen kleinen Kaktus auszugraben, um noch näher an dieser stacheligen Pflanze dran zu sein. Es waren schöne gelbe Blüten daran und sie gedachte, sich den Kaktus mitzunehmen. Sie stellte erstaunt fest, dass er an den Wurzeln keine Stacheln hatte und sehr weich war.

Nun hatte sie endlich auch ihre Lösung für Kaktus Jack gefunden, es war wie ein Gedankenblitz. Nun, es war eigentlich alles ganz einfach. Man muss den Kaktus an den Wurzel packen. Nur so wird er einem nicht abstoßen oder wehtun.

Auch Kaktus Jack hatte sowas Sie war sich sicher und so beschloss sie, ihn dort zu packen, wo sie sich nicht wehtun konnte. Yeah, sowas erzählte man sich damals über Kaktus Jack. Wer weiß schon, ob es ihn jemals gab oder nicht, aber eines ist sicher:

Pflücke den Kaktus stets an den Wurzeln. *- Ende -*

2. Kapitel

Mystik und Leben

Foto: Stephan Sauter (Im Yellowstone Nationalpark)

Die mystischen Erzählungen und Lebensgeschichten enthalten meist eine Botschaft und regen vielfach zum Nachdenken an.

2.1 Der unbekannte Ort

Schmatzend und saugend zog sich der faulig riechende Schlamm in meine groben Profilsohlen. Jeder Schritt wurde zur Qual. Es war eine neblige Nacht und der fahle Vollmond schlug mir sein milchiges Licht entgegen. Mir war kalt und ich zog den Kragen meiner Jacke höher. In der Ferne heulte ein Wolf, dessen Silhouette sich gegen den Mond abhob.

Ich schaute zu dem alten Gemäuer empor, es war moosbewachsen und oben saß ein Rabe, der mich hämisch anzugrinsen schien. Langsam rollten die Wassertropfen an dem narbigen Gestein herunter. Es war uralt und porös.

Ein Käuzchen flatterte wild über mich hinweg und tauchte in den dunklen Wald hinein. Ich schaute mich unruhig um. Überall spürte ich das Böse. Ich wusste nicht, was das für ein Ort war; auch wusste ich nicht, wie ich hierherkam. Aber eines wusste ich genau: Ich gehörte nicht hierher. Es war ein Ort, der nicht zum Leben gehörte...

Ich schaute mich misstrauisch um. Nein, hier konnte ich nicht bleiben. Jeder Baum und jeder Busch schien Augen zu haben. Ich spürte die Blicke, die mich beobachteten und musterten. Langsam schritt ich durch den unwegsamen Schlamm, der mittlerweile zäh an meinen Schuhen klebte. Der feuchte Nebel zog durch meine Jacke hindurch. Ich ging vorsichtig um das Gemäuer herum, es musste einen Eingang geben... ich war sicher.

Ich kam an eine alte morsche Holzbrücke und sah, sie führte in das Gemäuer hinein. Knarrend und ächzend stöhnte sie auf, als ich sie betrat und vorsichtig in das dunkle Loch am anderen Ende hinein schritt. Ich kam in einen großen Saal, der von einem bläulichen Licht geflutet war. Irgendwie war alles sehr merkwürdig für mich. Ich spürte, hier war Leben, aber ich sah keines.

Ich schritt andächtig durch diese große Halle und hinter mir blieben meine Spuren auf dem Boden haften. Von rechts oben kam ein goldenes Licht hinein, aber man sah nicht, woher es kam. Wie ein Lichtstrahl im Nebel strahlte es ein Symbol an. Ich kannte dieses Symbol. Es war das ägyptische Ankh-Zeichen, dieses Kreuz, mit der Öse oben drauf. Das Symbol schien sich von dem Licht zu nähren. Ich betrachtete das Symbol genauer und spürte eine mir unbekannte Energie, die es ausströmte.

Ich las die Inschrift:

Und ewig wird die Seele leben
Und Dein Körper wird sie tragen
Doch Dein Körper wird verschwinden
Was bleibt ist Energie

Merkwürdige Inschrift dachte ich mir. Ich untersuchte dieses Symbol genauer und stellte fest, es ließ sich drehen. Ich drehte es soweit es ging und das goldene Licht von oben wurde so reflektiert, dass es wie ein Strahl an einen Punkt an der gegenüberliegenden Wand zeigte.

Erst jetzt sah ich den Hebel, der mir vorher verborgen blieb. Ich zog an dem Hebel und wunderte mich, wie leicht er zu bedienen war. Er glitt ohne zu blockieren herunter und eine Öffnung entstand. Ich schritt hinein. Ein schmaler Gang erwartete mich. Er war ziemlich eng und ich kam in einen ovalen Raum hinein. Ich sah mich um und sah links und rechts an den Wänden quadratische Öffnungen, die wie ein Fenster zur Zeit waren.

Ich blickte in die eine Öffnung hinein und sah das Mittelalter und die Pest. Im anderen Fenster sah ich Cäsar im Krieg. Und in einem weiteren sah ich die griechische Antike. Jedes Fenster war bezeichnend für eine Epoche der Geschichte. Ich wandte mich in die Mitte des Raumes.

Erneut war da ein Symbol zu sehen. Ich ging langsam näher und erkannte das Unendlichkeitssymbol, also diese horizontale 8.

Auch dort las ich eine Inschrift:

Die Zeit ist eine Illusion des Lebens
Die Zeit ist nicht unterschiedlich
Die Zeit ist immer gleichzeitig
Nur Du erlebst sie hintereinander

Wirklich was anfangen konnte ich damals mit dem Spruch nicht. Erfahrungsgemäß versuchte ich, auch dieses Symbol zu drehen doch es bewegte sich nicht. Langsam schritt ich die weiteren Fenster ab und schaute mir die Epochen an. Da spürte ich die Anwesenheit eines Wesens. Ich drehte mich um und sah einen Zwerg vor mir mit langem weißem Bart. Er blinzelte mich freundlich an und sagte mir durch ein Handzeichen, dass ich ihm folgen möge. Ich folgte ihm in eine Öffnung in der Wand.

Ich befand mich nun in einem anderen Raum. Ich sah viele Milliarden von kleinen Lichtern und unter jedem Licht stand etwas. Ich kannte diese Schrift nicht, aber von der Länge her, mussten es Namen sein. Manche Lichter brannten heller, andere wieder matter. Und wieder war ein Symbol in der Mitte des Raumes angeordnet und ich ging hin. Es war eine Flamme aus reinem Gold gefertigt.

Erneut las ich die Inschrift:

Jedes Leben ist ein Licht
Erst brennt es hell
Dann lässt es nach
Aber das Licht wird niemals verschwinden
Es wird sich erneut erheben
und in vollem Glanz erstrahlen

Wieder einmal rätselte ich herum, als ich den Zwerg kichern hörte. Fragend blickte ich ihn an. Seine Stimme schien den ganzen Raum zu erfüllen, ja alles schwang im Rhythmus seiner Worte mit: „Ich kenne deinen Namen und dein Leben. Du hast das Privileg bekommen, die Räume der Erkenntnis besuchen zu dürfen. Nichts Böses darf hier herein, deswegen fühltest du da draußen das Dunkle. Immer wieder bekommen Menschen eine Chance hinter die Geheimnisse des Lebens zu blicken, so auch du. Du warst im Raum des Lebens, im Raum der Zeit und im Raum der Existenz. Nutze diese Erkenntnisse weise und vergiss sie niemals, denn sie sind das Geheimnis deiner und anderer Existenz. Aber beachte immer, dass viele Wesen es nicht verstehen werden, was Du jetzt weißt. Auch diese Wesen werden eines Tages hierher kommen und lernen und Wissen. So geh jetzt zurück in dein fleischliches Leben und denke nach mein Freund."

Ich stand etwas verdutzt da und merkte, wie mich etwas mit gewaltiger Kraft hinab zog. Ich schlug die Augen auf und stellte fest, ich war wieder in meinem Zuhause.

Und ewig wird die Seele leben
Und Dein Körper wird sie tragen
Doch Dein Körper wird verschwinden
Was bleibt ist Energie
Die Zeit ist eine Illusion des Lebens
Die Zeit ist nicht unterschiedlich
Die Zeit ist immer gleichzeitig
Nur Du erlebst sie hintereinander
Jedes Leben ist ein Licht
Erst brennt es hell
Dann lässt es nach
Aber das Licht wird niemals verschwinden
Es wird sich erneut erheben
und in vollem Glanz erstrahlen

- Ende -

2.2 **Sir Gibson of the Light**

Dunkel zogen die schweren Nebelschwaden wie ein Hauch der Grauens über die öde Sumpflandschaft südlich von Avalon. Es war eine feuchte, kalte Nacht im September 1450 AD und Sir Gibson zog fröstelnd seinen Schal enger. Bedrohlich zog eine schwarze Wolke an dem trüben Vollmond vorbei. Irgendwo schrie ein Käuzchen. An das Rascheln in den Büschen hatte sich Sir Gibson bereits gewöhnt. Doch er wusste, es war etwas Unnatürliches in der Nähe.

Sir Gibson war seit 6 Monaten an der Tafelrunde von Camelot, doch nie bekam er seine Chance zu beweisen, dass er ihrer würdig war... nie... bis heute... Als bekannt wurde, dass Berichte über merkwürdige Wesen und mysteriöse Phänomene eingingen, erklärte er sich sofort bereit, den Dingen auf den Grund zu gehen.

Man gab ihm ein dreifach geweihtes Schwert mit, was zusätzlich im Weihwasser veredelt und gehärtet wurde. Es waren heilige Runen im Griff eingraviert. Es war ein Meisterwerk der Schmiedekunst. Nie zuvor war es bisher gelungen, einem Schwert ein leichten Silberüberzug aufzutragen. Man versprach ihm, dass er das Schwert behalten könne, wenn seine Mission erfolgreich verlief. Am Gürtel hingen drei Fläschchen geweihtes Wasser aus der Kapelle von Camelot.

Er trug eine grauschwarze Ritterrüstung mit Helm und einen Übermantel mit dem Wappen von König Artus. Sein schwarzer Rappe entstammte einer edlen Zucht aus Arabien. Langsam ritt er durch den Sumpf - den " Swamp of Evil " - wie er hier genannt wurde. Plötzlich hörte er ein kehliges Knurren von links. Es klang so ähnlich als ob ein Bär in einer Gruft brüllt. Er hielt an und seine Muskeln spannten sich. Er wusste, es war jetzt soweit. Ein riesiger Schatten sprang aus dem dunklen Wald von links und flog durch die Luft.

Er rollte sich am Boden vor Sir Gibson ab und stand auf. Sir Gibson war schon einiges gewöhnt, doch diese Kreatur beeindruckte ihn mehr als alles andere zuvor.

Es war ein 2 Meter großer Werwolf!

Leicht gebückt stand er da, die langen Krallen berührten fast den Boden. Er hatte langes graues Fell, das schon etliche Narben und Lücken aufwies. Kalt blickten seine gelben Raubtieraugen Sir Gibson an. Sir Gibson sah das vertrocknete Blut an den Krallen... er sah die langen gelben Zähne im Maul und er sah den Speichel, der dem Werwolf wie ein Spuckefaden herunterlief.

Aggressiv zog der Werwolf die Lefzen hoch und entblößte noch mehr von seinen spitzen Zähnen. Sir Gibson zog sein Schwert und im gleichen Augenblick riss der Werwolf die Arme nach oben und heulte schauerlich und abscheulich in Richtung der Vollmondes. Das Echo seines Heulens verteilte sich hallend durch den Sumpf. Sir Gibson bekam eine leichte Gänsehaut am Rücken und ein Kribbeln durchzog ihn wie der Eishauch des Todes.

Der Wolf duckte sich, spannte seine Muskeln und sprang!

Sir Gibson holte mit dem Schwert aus und stieß im Fluge des Werwolfes hart und genau zu. Mit einem hässlichen Knirschen und Schmatzen bohrte sich die Klinge durch den Körper des Werwolfes und kam am Rücken wieder heraus. Schwer fiel der Körper neben Sir Gibson auf den Weg.

Sir Gibson sprang vom Pferd und sah, dass der Werwolf wieder hochkam. Die Wunde, in der das Schwert steckte zischte und dampfte. Verzweifelt versuchte der Werwolf das Schwert herauszuziehen. Sein Jaulen und Heulen klang markerschütternd. Sir Gibson warf zwei Fläschchen Weihwasser auf den wild zuckenden Werwolf.

Als die Fläschchen aufschlugen und das Weihwasser sich über das Fell verteilte, zischte es wie Säure und eine große Menge Qualm entstand.

Sir Gibson musste wegen des beißenden und stechenden Qualms husten. Er sah, wie sich der Werwolf langsam auflöste. Mit heulendem Brüllen und zuckenden Bewegungen ging es dem Ende zu. Der Werwolf zerfiel wie trockener Lehm und was blieb war nur ein Haufen übelriechender Asche.

Sir Gibson ging zu dem Aschenhaufen und nahm sein Schwert auf, das darauf lag wie ein Kreuz des Lichtes.

Es kam nun etwas Wind auf und verteilte die Asche in alle Richtungen. Im Osten zeigten sich die ersten Sonnenstrahlen des kommenden Morgens.

Sir Gibson of the Light war zufrieden und ritt zurück an den Ort, wo er hingehörte.

- Ende –

2.3 **Die Traurige Frau**

Voller Erwartung und Traurigkeit quälte sich die Frau den hohen Berg hinauf. War ihr doch gesagt worden, dass dort oben der große Geist des Adlers zu finden sei.

Auch wurde ihr erzählt, dass sie dort oben, unter dem Himmel ihre Antworten bekommen würde. Nächtelang blickte sie in die weiten des Canyons hinein, roch den herben Duft der Berge und genoss die klare, frische Bergluft dort oben.

Sie wollte schon aufgeben, als das glorreiche Antlitz des Adlers sich vor ihr manifestierte. Voller Güte blickte er sie an. Sie spürte eine geradezu magische Kraft, die von ihm ausging. Sie verstanden sich ohne Worte, denn er spielte mit ihrer Seele. Sie fühlte sich in das Glück hineingezogen. Sie spürte eine neue Kraft in sich.

Sie wusste dann, dass dieser Adlergeist ihr die Kraft gab, alles in ein gutes Ende zu bringen. Sie wusste jetzt, was Freiheit war. Sie stellte fest, was es bedeutet, unabhängig zu sein.

Ja, sie bemerkte, wie sie plötzlich anders über alles dachte. Sie stieg den Berg hinab als neuer Mensch und als neue Frau.

Vielleicht würde sie irgendwann wieder hier hinaufkommen, doch dann sollte der Grund nicht trübsinnig sein.

- Ende -

2.4 **Der alte Ritter**

Der alte Ritter blickte auf seinen Knappen und sagte: „Mein Junge, eines Tages wirst auch du erkennen, dass Gewalt und Sturheit im Leben sinnlos sind. Lasse Worte dein Schwert sein, aber setze sie weise ein. Manch ein Schwerthieb an der richtigen Stelle, lässt einen Menschen mal nachdenken. Benutze deine Intelligenz als Schild. Versuche damit allen Ärger, alle Enttäuschungen an dir abgleiten zu lassen. Deine Rüstung ist die Erkenntnis, dass nicht jeder Mensch so denkt wie Du. Auch wenn ein Mensch nicht deiner Meinung ist, so versuche ihn zu akzeptieren, denn auch deine Meinungen ändern sich von Zeit zur Zeit. Und wenn du wirklich mal auf einen Menschen triffst, bei dem du das Gefühl hast, er ist dir unangenehm, so bedenke, dass irgendwo jemand genau diesen Menschen vielleicht liebt. Und denke immer daran, wenn du einem anderen Menschen Kummer machst oder ihm zu schaden versuchst, so bringt dir das nur eine billige Genugtuung ein, die dich selber im Charakter abwerten wird. Lass SIE sein wie sie sind, denn auch SIE sind hier um zu lernen."

Der Ritter zog seine Rüstung aus und legte sein Schild ab. Er lehnte sein Schwert an einen Baum und sagte dann: „So nimm mein Schwert, nimm die Rüstung und den Schild. Trage alles so lange, bis du meine Worte eines Tages verstehen wirst."

Ob der Knappe wohl die Sachen nahm?

- Ende -

2.5 Die gelbe Rose

Lucy war ein junges Mädchen, sehr verspielt und voller Leben. Sie verbrachte ihre Sommerferien bei der Großmutter auf dem Lande..

Dort genoss sie jeden Tag und liebte alles - die Tiere, die Pflanzen und sich selbst. Eines Tages flanierte sie mal wieder im Lande der Sommersonne, als sie eine prächtige gelbe Rose sah. Beeindruckt und voller Gefühle der Schönheit, näherte sie sich der Rose. Wie prächtig die Rose blühte - so eine intensive Farbe, ein gerader Wuchs! Lucy verliebte sich in diese Rose - nein sie vergötterte sie! Nun kam sie jeden Tag an diesen Ort und erfreute sich an der gelben Rose. Der Rose gefiel es anscheinend, sie mochte Lucy und blühte und streckte sich, sah noch schöner aus, noch anziehender!

So kam der Tag, an dem Lucy immer mehr an die Rose dachte, ja, kein Tag verging, ohne dass ihre Gedanken bei dieser schönen Rose waren! Lucy beschloss, diese Rose haben zu müssen! Sie wollte ihren Duft, ihr Leben immer bei sich haben und sich daran laben, war es doch ihre Rose, die sie entdeckt hatte.

Am folgenden Tag ging Lucy zu der Rose. Erneut blickte sie die Rose sehr lange an und stellte wiederum fest, dass sie diese Rose einfach haben MUSS.

Lucy pflückte die Rose, sie pflückte sie sehr zärtlich und liebevoll. Sie lief jauchzend heim, war die Rose jetzt doch noch näher bei ihr. Ihre Großmutter gab ihr ihre beste Vase. Gefühlvoll stellte Lucy die Rose in die Vase und schaute sie von nun täglich an. Ja, Lucy war glücklich - doch war es die Rose auch? Die Tage vergingen und Lucy merkte, dass die Rose traurig war. Sie ließ ihr Köpfchen hängen und blühte auch nicht mehr so kräftig, wie sonst.

Ihr Duft ließ nach und sie fing an zu verwelken!

Lucy begann, diese Rose nicht mehr zu mögen.

Lucy war so glücklich, aber nun merkte sie, dass sie etwas falsch gemacht haben musste. Ihre Freude war nicht die der Rose - sie hatte ihr wehgetan!

Lucy dachte zu sehr an sich, an ihre Glückseligkeit, ihre Freude und vergaß dabei, dass sie etwas tat, was die Rose verletzte. Lucy wollte das nicht, nein, sie dachte, ihre Art, ihre Handlung und ihre Liebe zur Rose wären genug! Doch so war es nicht!

Ihre erfahrene Großmutter merkte, wie niedergeschlagen Lucy war und sagte zu ihr: „Lucy, merke Dir, Gefühle sind immer in Harmonie, wenn sie zwischen zwei Lebensformen auftreten und einander entsprechen. Du gingst nur von Deinen Gefühlen aus, ohne zu bedenken, dass Du Dich auch nach der Lebensart der Rose hättest richten müssen!"

Lucy möchte nie mehr eine gelbe Rose pflücken, sondern eher erleben, wie die Rose lebt, wo sie lebt und wie sie blüht und duftet!

- Ende -

2.6 **Liebe bis in den Tod**

Eine traurige, aber beruhigende Geschichte

ADANOS und RABEA

Wir schreiben die Zeit der goldenen Antike in Griechenland.

Die Zeiten waren friedlich und das Land schlummerte vor sich hin. Die Menschen lebten in Frieden und Harmonie, so wie auch Adanos und Rabea. Sie kannten sich jahrelang und niemals stellte irgend etwas ihre Liebe in Frage.

Gemeinsam saßen sie wieder einmal auf ihrem Hügel und schauten in die Abendsonne, die glitzernd in orangenem Licht ihre Wärme über das griechische Meer schickte. Sanft spiegelte sich das Licht im Wasser wider und hüllte die Umgebung harmonisch ein.

Ihre Hände suchten sich und drückten sich zärtlich ineinander.Sie schauten sich in die Augen und spürten sie waren nicht nur körperlich zusammen, sondern auch mental. Adanos schaute Rabea zärtlich an. Sie war eine Schönheit mit langen schwarzen Haaren, die wie die Mähne eines Pferdes sanft über ihren Schultern lagen. Sie hatte große braune Augen, die einem Menschen tief in die Seele blickten. Ihre kleine Stupsnase verriet eine gewisse Art von Humor, den Adanos sehr gut kannte. Leicht öffnete sie ihre Lippen und bot ihm einen Kuss an.

Adanos war ein Mann in mittlerem Alter, nicht unbedingt eine Schönheit für manche Frauen, doch Rabea sah nicht nur das Äussere, nein, sie musste einen Menschen "spüren", um zu ihm zu finden und bei Adonas war dies der Fall, schon in den ersten Sekunden als sie seinem Blick begegnete. Eng umschlungen verschmolzen sie als Silhouette vor der untergehenden Sonne.

Der alte Fischer unten am Hügel blickte zu ihnen hinauf und schneutzte sich laut die Nase. Für ihn war dies ein Bild der innigsten Zuneigung, die er niemals erfuhr. „Rabea Liebste", hauchte Adanos „Schau diese Insel am Horizont, willst du mit mir dort leben und glücklich sein?"

Still schaute Rabea ihn an. Seine Augen waren graublau, völlig untypisch für einen Griechen. Sie blickte ihn an und Adanos brauchte keine Antwort, denn ihre Augen sagten es ihm deutlich. Sie streichelte über sein halblanges Haar und erneut verschmolzen sie zu einem innigem Kuss. Adanos fing an, täglich am Boot zu bauen. Es sollte nicht nur sein Boot werden, nein, es sollte ihr gemeinsames Boot werden in eine Zukunft, die sie sich vorstellten. Er arbeitete hart an der Verwirklichung seines Zieles.

Jeden Abend kam er erschöpft in seine Hütte und Rabea massierte ihm seine verhärteten Muskeln sanft. Sie bedeckte seinen Körper mit Olivenblättern, damit seine Gelenke geschmeidig blieben. Jeden Tag schlug sie Holz im nahen Forst.

Als der Tag nahte, an dem das Boot fertig wurde, feierten sie ein kleines Fest zu zweit vor einem Lagerfeuer am Boot. Am nächsten Tage sollte die Reise beginnen, und beide verluden bereits Vorräte und Wasser in das Boot. Sie freuten sich auf ihre Zukunft, ihr gemeinsames Leben, ihr Glück.

Doch es sollte anders kommen...

Still ruhte das Boot im Wasser und trieb vor sich hin. Tagelang war kein Wind aufgekommen, und ihre Vorräte gingen zur Neige. Die Insel rückte keinen Kilometer näher. Jeden Tag sah es so aus, als ob sie diese niemals erreichen würden.

Es war eine Situation der Verzweiflung, doch ihre Liebe verfloss nie.

Eines Tages, Adanos und Rabea waren bereits sehr erschöpft, zog ein gewaltiger Sturm auf, der ihr Boot zum Kentern brachte. Mit letzter Kraft schafften sie es zu einer morschen Planke, die im Wasser trieb. Schnell stellten sie beide fest, dass diese Planke nur eine Person über Wasser halten konnte. Immer wieder tauchten sie ab und kamen wieder über das Wasser.

Sie waren schon zu erschöpft um sich länger an dieser Planke zu halten, denn sie mussten dauernd gegen den Untergang ankämpfen.

Mit letzter Kraft hauchte Rabea zu Adanos: „Adanos ich werde gehen, diese Planke hält uns beide nicht. Ich gebe mein Leben für Deines. Du sollst leben und ich werde sterben, für Dich." Adanos versuchte etwas zu sagen, doch er bekam keinen Ton heraus.

Rabea liess die Planke los und verschwand leise in den Tiefen des Meeres. Adanos' Herz verkrampfte sich, sein ganzer Körper verkrampfte sich und er klebte an der Planke, wie eine verwachsene Muschel. Ihm wurde schwarz vor Augen, er konnte diesen Schmerz nicht ertragen. Sie gab ihr Leben für ihn, doch er hätte es ohne zu zögern auch für sie getan.

Zwei Tage später wurde er von dem Fischer aufgegriffen, der damals die beiden oben auf dem Hügel im Sonnenuntergang beobachtet hatte.

Mit ganzer Kraft musste der Fischer Adanos von der Planke lösen, er hatte sich förmlich darin verkrallt. Adanos überlebte, doch er war nur noch ein Schatten von sich selber. Er vegetierte nur vor sich hin, wurde grau und faltig.

Seine Arbeit machte er wie in Trance. Immer wieder fragte er sich, warum er nicht schneller war als Rabea. Nur zu gerne hätte er sein Leben damals für sie gegeben.

Aber sie gab ihm das größte Geschenk, was ein Mensch einem anderen geben konnte, nämlich das eigene Leben in grenzenloser Liebe. Adanos konnte dieses Geschenk nicht annehmen, das Leben von Rabea war zu viel, was sie ihm schenkte.

Er beschloss zu Rabea zu gehen und kletterte auf einen steilen Berg. Sein Leben war ihm geschenkt worden, doch dieses Geschenk wollte und konnte er nicht annehmen. Er blickte in die Tiefe. Er spürte keine Angst, keine Furcht und keine Nervosität. Es war alles so leer in ihm ohne Rabea. Während er im Schneidersitz dort oben saß und sich auf seine lange Reise vorbereitete, spürte er plötzlich eine ihm wohlbekannte Wärme. Ein Gefühl, wie damals als er Rabea immer in seine Arme nahm.

Er spürte, wie diese Schwingung durch seinen Körper fuhr. Er fühlte Freude und Liebe.Seine Seele wurde leicht. Und er wusste das Rabea wieder bei ihm war, tief in seiner Seele. Er wusste sie wird ihn niemals mehr alleine lassen. Er spürte, wie das Fluidum in ihn hineinfloss. Seine Seele war die ihre.

Nach diesem Erlebnis begann ein neues Leben für ihn. Er wusste Rabea wollte, dass er glücklich ist.

Sie schenkte ihm ihr Leben dafür. Sie wollte nicht seinen Schmerz, sondern sein unermessliches Glück. Ihr Leben, das sie verlor, sollte seines bereichern, nicht schaden.

Adanos erkannte jetzt, was sie mit ihrem Handeln erreichen wollte und er wusste und er spürte, sie wird bis in aller Ewigkeit bei ihm sein.

- *Ende* -

2.7 Henry und Jenny

Henry war einer der späten Heimkehrer aus dem damaligen Bürgerkrieg in den Staaten. Er machte alle hässlichen Situationen des Krieges mit und verlor seinen linken Arm bei der Schlacht in "Bull Run". Später hinterließ ihm eine Granate an der rechten Gesichtshälfte eine Narbe. Henry war überglücklich, überlebt zu haben. Er wollte da durchkommen, denn er liebte seine Jenny so sehr, dass er nur für sie leben wollte. Jenny war sein zweites ICH. Sie gab ihm einen großen Teil seines Lebens - und für Jenny überlebte Henry Buttom.

Es waren Jahre in das Land gegangen und Henry wurde freigelassen. Man heftete ihm noch einen Orden nachträglich an sein Revers und schickte ihn mit ein paar Dollars heim. Henry blickte auf die kleine Farm vom Hügel herab. Er erkannte sein Anwesen kaum wieder.

Doch er war froh, dass der Norden an diesem steinigen Stück Land unterhalb des Creek Mountains wenig anfangen konnte. Es eignete sich allenthalben für die Zucht von einigen zähen Bergrindern. So kam es dann auch, dass Henrys Farm nicht enteignet wurde - wie die damals meisten südstaatlichen Besitztümer.

Er sah Jenny und beobachtete, wie sie aus Leder und Stoffen eine Art Kleidungsstück herstellte. Er wusste jetzt, wie Jenny ihr weniges Geld verdiente. Seine Jenny, diese liebe Frau und sein Ein und Alles. Wie oft schrie er ihren Namen zwischen den Granateinschlägen und dem Sperrfeuer. Wie viele Nächte war sie im Traum bei ihm und er betete, dass er überlebte für SIE.

Der Himmel erhörte seinen Wunsch. Nun stand er dort auf dem Hügel und hatte Angst. Nervös schabte sein Pferd mit den Hufen, als er nicht weiter ritt. Langsam kam er an die Farm heran und Jenny bemerkte ihn sehr spät.

Sie legte ihre Hand über die Augen, um in der Ferne zu sehen, wer da wohl kam. Die Hoffnung, es könnte Henry sein, verlor sie schon vor Jahren.

Henry kam heran und lächelte sie an, doch er spürte etwas Seltsames. Jenny blickte ihn an, sie schaute auf den flatternden Jackenärmel, wo der Arm fehlte. Sie blickte in sein narbiges Gesicht und ihr Blick wurde starr. Ihre Blicke hafteten aneinander wie zwei Magnete. Sie hauchte seinen Namen mehrmals. Henry war ein wenig seltsam zumute, so hatte er sich ein Wiedersehen nicht vorgestellt.

Doch es kam noch schlimmer, denn Jenny schlug die Hände vor ihr Gesicht und rannte weinend zurück in das Farmhaus. Die Gefühle von Henry sind sehr schwer zu beschreiben, war es Enttäuschung oder Schmerz oder was war es? Henry wusste es nicht genau, aber er wusste, was er spürte und das war viel schlimmer als die Schmerzen damals bei seiner Verletzung.

Was sollte Henry jetzt tun? Nervös schnaubte sein Pferd. Henry war erstmal ratlos. Er drehte sich zur Seite wo Old Fellow Jake heran kam, einer seiner mexikanischen Trapper Freunde, die ihm damals auf der Farm halfen.

Er hatte eine Kiste Fusel dabei und schlug Jake vor, erstmal seiner Jenny etwas Zeit zu geben und oben in seiner Jagdhütte die Rückkehr zu festigen.

Nun, zu den Männerabenden gibt es wenig zu erzählen, denn sie enden meist damit, dass man am nächsten Morgen aufwacht und eigentlich gar nicht weiß, was am Abend zuvor geschah. Der nächste Morgen kam auch diesmal in New Mexico und Henry dröhnte der Kopf. Vergessen hatte er nichts von seinem Erlebnis gestern, doch wusste er nicht wirklich, damit umzugehen. Er beschloss, Jenny trotzdem erneut aufzusuchen...

Hank war damals Sheriff im Canyon County und musste als örtliche Polizeibehörde nicht am Krieg teilnehmen. Er kannte Henry bereits seit seiner Jugend und so manche Schlägerei wegen einer Frau. Er kümmerte sich um Jenny, während seiner Abwesenheit, doch er nutze ihre Einsamkeit nie zu seinen Zwecken aus. Sein Respekt und Zuneigung zu Henry war einfach zu groß. Nein, er konnte und wollte diesen großartigen Freund nicht hintergehen.

Jenny war eine sehr schöne Frau und die Jahre hatten fast keine Spuren in ihrem indianerhaften Gesicht hinterlassen. Trotzdem kam es nie zu dem, was er sich immer in seinen Gedanken vorstellte. Hank dachte an alle diese Dinge, während ihm Old Fellow Jake erzählte, was gestern geschah. Nachdenklich hörte er zu. Als er ihm sagte, dass Henry nur noch vor der Berghütte saß und eine Flasche nach der anderen trank. Jenny war seit dem Ereignis nicht mehr aus dem Haus gekommen.

So konnte es nicht weitergehen, Hank musste was tun! Er beschloss, mit Old Fellow Jake, Jenny aufzusuchen und auch Henry mal ein paar freundschaftliche Worte zu sagen. Jenny wischte sich die Tränen von ihren roten Augen ab. Der Glanz war verschwunden. Ihr Gesicht war eingefallen. Immer wieder blickte sie auf das alte Bild in ihrer Hand, dass Henry lachend beim Holzfällen zeigte. Ja, ihr Henry, den sie über alles liebte und nun?

Was war das für ein Mann, den sie gestern sah. Ein Versehrter, abgemagert und verwundet. Sie fing erneut an bitterlich zu weinen. Einige Tränen rollten über das Bild in ihrer zittrigen Hand. Wie oft hatte sie dieses Bild nachts bei sich auf ihrem Kopfkissen, wie oft blickte sie auf das Bild, wenn sie abends in den kalten Nächten alleine vor dem Kamin saß.

Henry war immer bei ihr - als Bild im Herzen und in ihrer Seele. Sie schrie auf und warf das Bild mit Rahmen in den nahen Ofen.

Sie wollte nicht mehr. Sie konnte nicht mehr und dachte sich, dass es vielleicht besser gewesen sei, wenn Henry nie zurück gekommen wäre. Sie beschloss, auf den Felsen zu steigen. Der Felsen, wo sie jahrelang sein Gesicht in der untergehenden Sonne am Horizont sah.

Der Schrei war laut und hell. Hank erkannte ihn sofort. Wie oft hörte er die Stimme von Jenny als sie Angst hatte, damals als er noch bei ihr wohnte, in den unruhigen Zeiten. Old Fellow Jake reagierte auch sofort. Sie trieben die Pferde an. Nun, sie fanden Jenny und verjagten die Wölfe. Doch was sie sahen, hatte mit Jenny wenig zu tun.

Als Henry hörte, was Jenny passiert war, ritt er mit ihnen sofort zu seiner Farm und kümmerte sich um sie. Doc Jameson hatte bereits ihre Wunden versorgt und Hank blieb noch ein paar Tage vor Ort. Jenny lag im Koma. Es war fraglich, ob sie es überstehen würde. Zärtlich streichelte Henry über ihr Gesicht, berührte die Bißwunden und betastete die vielen Schrammen. Jenny war immer noch im Koma und noch nicht erwacht. Aber Henry wollte, dass sie lebt.

Er legte eine Strähne ihres Haares auf die Seite und tupfte ihre Stirn ab. Sanft fuhr er mit seiner Hand über ihr Gesicht als sie plötzlich seufzte und die Augen aufschlug. Sie blickte in Henrys Augen, spürte seine Wärme, seine unendliche Liebe. Sie merkte, ihn störte ihr Aussehen nicht. Sie spürte nur tiefe, sehr tiefe unendliche Zuneigung.

Seine Augen, ja, es waren Henrys warme und glänzende Augen, die sie so sehr liebte und kannte. Die Verbindung war da! Ihr Henry war zurück und sie liebte ihn jetzt noch mehr, als je zuvor. Henry ging es kaum anders. Er beugte sich herunter und sie verschmolzen zitternd miteinander. Sie waren froh, dass zu gutem Schluss die Gefühle stärker waren als alles andere.

Henry und Jenny bekamen zwei Söhne und eine Tochter.

Ihre Farm wurde zum Maß der Viehzucht in New Mexiko, da Henry noch ein paar Verpflichtungen aus Kriegszeiten geltend machte, die er bei Nacht und Nebel damals "arrangiert" hatte.

Heute, wo ich euch diese Geschichte erzähle, kommt mir selber alles wie ein Traum vor. Wer weiß, ob ich oder andere auch so gewesen wären, wie Henry und Jenny. Gefühle zu haben, die bis über Grenzen hinausgehen - das ist wirklich beeindruckend.

Nun fragt mich bitte nicht, ob es Henry und Jenny wirklich gab, das ist völlig egal. Viel wichtiger ist, wie Ihr für Euch selber in diese Geschichte hinein findet.

- Ende -

2.8 GEORGE O' FLANNIGAN

Es war einmal erneut einer der schönen Sonnenuntergänge in Nordirland die O'Flannigan in den ganzen Jahren seines Fischerdaseins genoss. Langsam zog er ein Teil seines Fischernetzes herbei, um wieder mal eine Stelle zu flicken, die von den modernen Motorbooten zerstört wurde. Es gefiel ihm gar nicht, dass dieses Touristikzentrum damals entstand.

Als er vor 10 Jahren seine Frau beim großen Sturm verlor, schwor er sich, die alte Tradition der "Fisherman's" weiter zu führen. Er zog sich von allen Leuten zurück, suchte nie wieder Kontakt, mochte mit keinem reden und isolierte sich komplett. Er lebte nur für sich und seine Existenz. Manchmal glaubte er, dass er nur auf seinen Tod wartete die ganze Zeit.

Traurig schaute er zur großen Klippe hinauf, wie viele Male dachte er daran, wie oft zog es ihn dahin...

Er saugte an seiner alten Seemannspfeife und ließ den süßlichen Qualm langsam austreten. Sein Bart war schon leicht ergraut. Immerhin war er ja schon Mitte Vierzig. Stückchen für Stückchen flickte er sein Netz weiter. Das, was er fing, reichte ihm gerade zum Leben und ein paar Pence machte er in dem er dem naheliegenden Kinderheim einige Fische überließ. Dafür bekam er dann eine warme Mahlzeit und etwas Geld. Für ein neues Netz war es viel zu wenig.

Eines Morgens - es war sehr früh - wollte er wieder hinaus auf das Meer. Doch er konnte es nicht. Sein Fischernetz lag zerstört vor ihm auf dem Boden. Sein Boot war stark beschädigt worden und einige Untensilien waren entwendet worden. Er hatte jetzt gar nichts mehr. Selbst das Wenige, was er besaß, war vernichtet. Wer dieses Werk vollbrachte - konnte er nur erahnen, aber das nützte ihm jetzt auch nichts mehr.

Wieder blickte er hoch zur großen Klippe. Nur diesen Weg sah er noch. So bestieg er die Anhöhe. Er ging an den Rand und wollte sich nur fallen lassen... einfach fallen lassen in das Nichts....

Schwankend stand er auf der Schwelle zwischen Tod und Leben. Er hatte seine Augen geschlossen, in ihm war nur schwarze Leere. Wie aus einem Schleier des Jenseits hörte er die Stimme von Jeff McConnor hinter sich. „George tu es nicht... bitte." Jeff legte seine schwere Hand auf die Schultern von George und zog in sanft von der Klippe weg.

Jeff war der Eigentümer der großen Fischfabrik in der Nähe und war damals auch einer der Fischer, die umdenken mussten.

5 JAHRE SPÄTER...
George O' Flannigan saß vor seiner zerfallenen Fischerhütte und lächelte salzig. Er sah die alten Planken seines Fischerbootes, die teilweise Moos angesetzt hatten - über und über mit kleinen Muscheln belegt. Und er sah die Reste seines alten morschen Fischernetzes, das er so oft geflickt hatte.

George war damals Berater und Qualitätsprüfer bei Jeff geworden und verdiente jetzt sehr gut. Er fuhr ein teures Auto und hatte ein großes Anwesen erworben. Es kam alles anders als er dachte, als er verzweifelt auf der großen Klippe stand... damals. George bückte sich und nahm einen Teil des alten vertrockneten und spröden Fischernetzes auf. Er zerdrückte es in der Hand und öffnete sie. Die feinen Krümel flogen vom Winde verweht über den weiten Strand.

"Tja", sagte George leise zu sich selbst, „sie fliegen weg, wie die schweren Gedanken der Vergangenheit. Das Leben ist so wunderbar. Jeden Tag geht die Sonne auf und jedes Ereignis kann es verändern. Was kümmert mich die Vergangenheit, was ich JETZT bin, zählt."

Er blickte hoch zur großen Klippe, die fast sein Schicksal geworden wäre. Lächelnd schüttelte er den Kopf und holte seine alte Pfeife von damals hervor. Es war nun auch an der Zeit, diese ins Meer zu werfen. So tat er es dann auch. Er schleppte die alten Planken ins Wasser und warf auch sein altes Netz hinterher und verbrannte seine Hütte.

Zufrieden mit sich selber, stieg er hoch an die Klippe und stellte sich wie damals an den Rand. Doch diesmal genoss er die wunderbare Aussicht und die endlose Ferne.

Er schaute glücklich den Möwen zu und streckte sich um auch die letzten warmen Sonnenstrahlen der Abendsonne zu erhaschen. Diese Klippe, die damals fast sein Verhängnis wurde ist heute einer der schönsten Orte, die er kennt und mag.

Gut, dass er damals nicht gesprungen ist...

- *Ende* -

2.9 Manuel - eine Weihnachtsgeschichte

Es war Vorweihnachtszeit in New York und ein 12-jähriger Junge mit afroamerikanischen Gesicht wühlte mal wieder in den Mülltonnen hinter den Häusern. Er hieß Manuel, keiner wusste, ob dies sein richtiger Name war, denn eines Tages war er einfach da. Man wusste nicht, wer seine Eltern waren oder woher er stammte. Manuel kannte die andere Seite des Lebens. Er wuchs auf der Straße auf. Täglich musste er um sein Überleben kämpfen, nach Nahrung suchen. Manchmal hatte er Glück hinter dem teuren Restaurant oder wenn Miguel, der Koch, ihm etwas hinstellte. Manuel war immer froh in dieser Zeit, da bekam er etwas mehr, vielleicht, weil zu Weihnachten die Leute auch mehr an andere denken konnten.

Aus der Ferne hörte Manuel das Orchester der Heilsarmee spielen und freute sich, denn diese Leute waren sehr nett zu ihm und gaben immer etwas zu essen. Jede warme Suppe oder mal eine gebrauchte Winterjacke war ihm recht. Oh ja, er kannte nur diese Seite des Lebens, nie fand er den Glamour und Glimmer, den er oftmals zwischen den Häuserzeilen sah. So auch an diesem Abend, der kalt und nebelig war, suchte er etwas Warmes in den Bio-Abfällen des Restaurants und freute sich über den Napf mit heißer Suppe, der vor der Hintertür stand.

Miguel war sein Freund dachte er sich, eines Tages wird sich alles Gute bezahlt machen. Gierig schlürfte er die köstliche Suppe und war völlig in Gedanken versunken, als das große Auto um die Ecke bog. Mike und Cindy fuhren vergnügt von einer Party nach Hause, sie hatten viel Spaß und gutes Essen genossen. Jeff Averals Parties waren immer sehr ausschweifend und hatten einen Touch von Völlerei. Lüstern kicherte Cindy vor sich hin und legte immer wieder ihre Hand auf den Schoß von Mike, der sich verzweifelt auf die Straße konzentrieren musste, denn er sah wenig bei diesem Wetter.

Plötzlich sah er den Schatten und spürte den Aufprall. Cindy verstummte abrupt. Was war geschehen, was war passiert? Sicherlich ein Hund oder nur ein Abfallcontainer dachten sie sich. Beide stiegen aus und erstarrten, dort lag ein Junge, ein halbes Kind noch. Er stöhnte auf dem Boden und sein Körper war bekleckert mit Suppe.

Cindy war einer Ohnmacht nahe und fing an zu schreien, Mike selber war völlig schockiert. Es war eine Situation des Grauens, dieser arme Junge auf der Straße, warum er? „Es war deine Schuld Cindy", ärgerte sich Mike später zuhause als alles vorbei war. „Ganz alleine Deine Schuld!“ wiederholte er erneut. Cindy war völlig aufgelöst, sie war fertig und total deprimiert. Mike sah, dass er zu weit gegangen war und nahm sie zärtlich in den Arm. „Morgen fahren wir in das Krankenhaus und werden ihm alles sagen. Cindy, der Notarzt meinte, es wäre nicht so schlimm er käme durch“. Cindy blickte ihn mit ihren großen Augen an und nickte nur stumm dazu.

Manuel erwachte in einem großen, hellen Zimmer und glaubte sich bereits im Himmel, als eine Krankenschwester rein kam und ihm ein Essen hinstellte. Freundlich knuffte sie ihn und sagte: "Bambino, was machst du denn für Sachen da draußen, das wird alles wieder..."

Manuel begriff langsam die Lage, ja er war wohl angefahren worden und jetzt im Krankenhaus - dort in einem Leben, was er nie zuvor kannte. Sie besuchten ihn täglich, Mike und Cindy mochten diesen kleinen Jungen mit den großen lebhaften Augen. Sie brachten ihm immer wieder Leckereien mit oder ein Spielzeug, über das er sich sehr freute. Es ging ihm immer besser und man sagte ihm, dass er bald das Krankenhaus verlassen könnte. Als Manuel nach dieser Nachricht bitterlich anfing zu weinen, wussten selbst die Ärzte nicht weshalb, doch die Krankenschwester fasste einen Plan.

Cindy lag verschmust an Mikes Brust und spürte seinen Atem. Sie war froh, dass Mike noch bei ihr war, denn nach ihrer Fehlgeburt vor einigen Jahren erfuhr sie, dass sie nie mehr Kinder bekommen könnte. Das war für beide ein Schock, denn Mike wünschte sich nichts sehnlichster als ein Kind.

„Er ist ein so netter und lebendiger Junge," hauchte sie zu Mike. „Ja Cindy, das ist er auch - ich mag ihn sehr; die Schwester sagte mir, er wäre ein Waisenkind von der Straße."

Plötzlich durchzuckte es beide wie ein Blitzschlag ! Sie spürten es förmlich, es war ein Gedanke, es war DER Gedanke und Mike sagte nur: „Wir werden ihn nehmen, er gehört zu uns, wenn er einverstanden ist, Cindy." Manuel erlebte nun, wie es war, täglich eine warme Mahlzeit zu erhalten. Er spürte die Liebe des Pärchens, das ihn immer wieder besuchte, diese Frau, er glaubte sie hieß Cindy. Diese Frau nahm ihn immer in den Arm und er spürte eine nie dagewesene Wärme und Zuneigung, als wäre sie seine Mutter. Die warmen Augen von Mike, so etwas kannte Manuel gar nicht, er war... ja wie sollte er es nennen, er war wie ein Vater...

Das Fest rückte näher, als die drei auf dem Weihnachtsmarkt flanierten. Manuel hüpfte vergnügt von Stand zu Stand und seine Augen leuchteten als er die vielen schönen Dinge sah. Diese vielen bunten Lichter, der Geruch von Mandeln und Glühwein! Dies alles kannte er nicht. Er wusste zwar, dass es Weihnachten gab, doch für ihn war zu dieser Zeit nur wichtig, dass er mehr zu essen bekam aus Nächstenliebe.

Er war glücklich jetzt und hatte sich gut bei Cindy und Mike eingelebt. Cindy und Mike waren auch sehr zufrieden, hatte die Behörde bereits den Adoptiv-Bescheid im Vorfeld genehmigt. Manuel jauchzte und sprang herum, es gab ja soviel zu sehen, soviel was er nicht kannte.

Er sah einen Santa Claus und einen Winterschlitten, er sah Rentiere, bunte Lichterkerzen und so vieles mehr, das ihm fremd war. Er war sehr verzückt und aufgeregt.

„Wir müssen es ihm sagen Cindy," meinte Mike eines Abends, „Wir müssen, denn wir können dies alles nicht auf einer Lüge aufbauen." Doch es kam alles anders als Mike dachte. Manuel wusste schon lange, dass er angefahren wurde von Mike, Manuel war ihm nicht böse oder verurteilte ihn. Er wusste es schon, bevor Cindy und Mike ihm näher kamen und so wendete sich doch alles zum Guten. Auch spürte Manuel, dass die Beiden nicht versuchten, etwas gutzumachen, sondern er spürte Nähe, Wärme und Ehrlichkeit in ihrem Wesen.

Der große Tag kam näher und Manuel wurde immer aufgeregter. Als es Heiligabend war, gab es ein leckeres Festmahl und er wühlte sich lachend und wohl gelaunt durch die vielen tollen Geschenke. Es war sein erstes Weihnachten und es war SEIN Weihnachten sein neues Leben. Gemeinsam feierten sie zu Dritt bis spät in die Nacht hinein, es war einfach wunderbar.

Manuel saß am großen Schreibtisch seiner Firma in New York und dachte weiter an die Zeiten zurück, wie er damals auf der Straße lebte. Es waren mittlerweile über 15 Jahre vergangen und er war nun Chef der Hardware Firma seines Vaters.

Ja, er besuchte die Highschool und machte sein Diplom in Betriebswirtschaft. Er nippte an seinem guten Whisky und immer wieder zu dieser Weihnachtszeit kamen ihm die Gedanken, wie wunderbar und seltsam doch das Schicksal mit ihm gespielt hatte.

Er war zufrieden, er engagierte sich stark für Obdachlose und Hilfsbedürftige und manchmal dachte er sich, dass eine höhere Macht dies alles so eingefügt hatte. Heute ist er knapp 30 Jahre alt und heute ist Heiligabend.

Für Manuel war dies immer ein ganz besonderer Tag, denn er erinnerte sich immer wieder daran, wie er aus dem Nichts in das Leben kam.

Er war Cindy und Mike auf ewig dankbar und auch die Beiden liebten ihn noch wie am ersten Tage, als er mit Suppe beschmiert wie ein Hund auf der nassen, kalten Straße lag.

Nachsatz :
Die Geschichte von Manuel ist nicht nur einfach eine Geschichte, nein sie ist viel mehr als das. Sie ist eine Verknüpfung von Umständen, wie es oftmals vorkommt im Leben und man sich fragt, ob doch irgendetwas das Leben lenkt, um es so einzurichten, wie es ist...

- Ende -

2.10 Joe Cahoon

Es saß auf einer Klippe am Meer und beobachtete... Er sah das Meer, diese unendliche Weite, diese Weite, die für ihn wie die Zukunft war. Bis zu einem gewissen Punkt sichtbar und danach verschwindend.

Er lag auf einer kleinen Anhöhe und beobachtete die Möwen bei ihrem Spiel. Langsam ging die Sonne in einem blutroten Aufguss am Horizont unter. Viele Gedanken gingen durch seinen Kopf. Er dachte über seine Zukunft nach, sein Leben, seine Ziele und über die Frau an seiner Seite, die nicht da war.

Lau wie die Berührung eines Engels, zog die warme Abendluft über seinen blanken Oberkörper. Es war die Spätsommerzeit in Nordirland, eine schöne Zeit, für ihn die Schönste. Neben ihm spielten zwei Hasen fangen und in dem nahen Baum zwitscherte ein Drosselpärchen ihr verliebtes Lied.

Joe Cahoon war einsam, ja er fühlte sich elend. Vieles in seinem Leben lief nicht korrekt, nicht so wie er es wollte. Immer wieder wurde er missverstanden. Er legte sich auf die Seite und knabberte an einem Grashalm. Im Norden zogen leichte Gewitterwolken auf, die eine gute Metapher bildeten zu seinem Gefühl.

Seine Gedanken waren schwer und er war zerbrochen worden aber hier oben, auf der einsamen Klippe, nördlich von Dublin, ja hier war er gerne. Hier konnte er gut nachdenken und grübeln. Er kratzte sich den strubbeligen Bart und nahm ein Schluck vom alten Irish Whiskey. Er wusste, dies war nicht seine Lösung, aber es half ihm etwas. Diese warme zarte Stimme, die er plötzlich vernahm, hatte er nie zuvor gehört. Sie kam aus dem Nichts. Er spürte nur unendliche Nähe und Liebe. Die Stimme ging im durch alle Körperzellen und Nerven.

Er hörte verblüfft hin, er vernahm die Worte als wären sie gesprochen. „Joe Cahoon ich bin Vilka aus dem Zwischenreich... ich bin dein Schutzengel", sprach die Stimme so sanft, wie die Berührung von Seide. „Joe Cahoon" hauchte die Stimme „sei nicht traurig, dieses kurze Leben ist nur ein Augenzucken im Gegensatz zur Ewigkeit. Die Menschen existieren und Leben und machen sich Sorgen und Gedanken. Joe Cahoon, jeder Mensch spielt seine Rolle im großen Reich der Existenz und alle treffen sich irgendwann mal wieder.

Alle Menschen müssen Erfahrung sammeln um zu lernen. Joe Cahoon, sei nicht traurig, lebe DEIN Leben lasse Dinge auf DICH zukommen und warte auf nichts. Selbst ein Leben ohne Liebe ist ein Leben, das gelebt werden muss. Deine Erfahrung und deine Gefühle helfen dir im nächsten Abschnitt weiter. Ich bin immer bei dir... vergiss das niemals, Joe Cahoon. Deine Seele ist mit allem verbunden." Die Stimme wurde allmählich leiser und verschwand.

Joe Cahoon konnte es nicht begreifen..noch nicht alles verstehen. Als die Jahre vergingen, wusste er, was die Stimme meinte... ja er wusste es und er wurde zufrieden und glücklich..und er bekam seine Liebe sein Glück.

Und als er alt und grau war, saß er immer wieder auf der Klippe mit seiner lieben Frau und den Kindern und dachte an die Stimme, die ihm damals so half. Er weiß bis heute nicht, wo die Stimme herkam. Als er so darüber nachdachte, öffnete sich eine Wolkendecke und ein Sonnenstrahl der Abendsonne traf ihn.

Nun wusste er, dass er in guten Händen war und freute sich auf ein ewiges Leben.

Joe Cahoon wurde uralt und war nie wieder unglücklich...

- Ende -

2.11 Der Lebenslauf

Ich wurde damals im Jahre 1875 als dritter Sohn des armen Farmes O 'Sullivan Jack geboren. Die Zeiten waren damals sehr hart und ich musste bereits früh am Farm- und Ranchleben teilhaben. Mit 5 Jahren saß ich bereits auf meinem ersten Gaul.

Ein Jahr später beschäftigte ich mich bereits mit den ersten Schießübungen. Der alte Revolver von Onkel Jeff war wie ein Handschuh an meine Hand angepasst. Schnell lernte ich auch mit Frauen umzugehen. So kam es, dass ich sehr früh mit 7 Jahren die erste Freundin hatte.

Die Zeit verging. Ich ritt Pferde zu und wurde ein schneller Schütze. Yeah, ich war ein gutaussehender Typ, braungebrannt mit einem sehnigen Körper und einem schwarzen Texanerbart. Wenn ich frech lachte, blitzten meine weißen Zähne im Sonnenlicht.

Gut lassen wir mal die Optik beiseite...

Ich wurde durch Wind und Wetter abgehärtet und fand viele Freunde, die mich zum Vorbild nahmen. Das Leben auf der Farm interessierte mich immer weniger, nicht nur aus der Tatsache heraus, dass Felder pflügen irgendwie nicht zu mir paßte. Ich begann, nach lukrativeren Geldquellen Ausschau zu halten und kam sehr schnell darauf, dass mit Pferdediebstahl der schnelle Dollar zu machen ist. Freunde, die mich darin unterstützten, hatte ich reichlich. Und so kam es, dass dem reichen Großrancher in der Nähe, öfters mal ein paar Pferde oder Rinder abhanden kamen.

Meine Boys und ich hatten damit natürlich nie etwas zu tun. Die ganze Geschichte entwickelte sich zu einem Mysterium. Zum Schluss waren es die Indianer, was mir auch ganz gut in den Kram passte.

Die Jahre vergingen und wir lebten sehr gut. Wir waren frei .. unabhängig... und konnten tun, was wir wollten. Keinem fiel es auf, dass Dad nebenbei seine Farm in eine respektabele Rinderzucht umwandelte, die auch guten Umsatz brachte.

Eines Tages, es war schon spät am Abend, kam ich zwischen dem Eagles Canyon und dem Mesa Pass in einen furchtbaren Schneesturm. Es war der schlimmste Blizzard, der je in Texas erwähnt wurde. Ich kämpfte drei Tage und drei Nächte gegen den Sturm und blieb dann erschöpft liegen. In meiner fieberhaften Lage sah ich dann ein merkwürdiges Licht am Horizont. Ich sammelte meine letzten Kräfte und ging darauf zu.

Das Licht - was einem riesigen Wirbel gleich kam - saugte mich in sich hinein und ich verlor die Orientierung, fiel in eine tiefe Ohnmacht. Das Erste, was ich bemerkte, als ich wieder aufwachte, war ein Raum mit Namen "Insel der Engel". Nun, ich dachte, ich sei wohl drüben angekommen. Aber ich fühlte mich sehr lebendig. Okay, dachte ich mir, da wird wohl etwas Merkwürdiges geschehen sein. Ich orientierte mich kurz und begann gleich, mit den Leuten zu kommunizieren.

Im Laufe der Zeit gewöhnte ich mich an das neue Leben und beschloss, mein Wissen in dieser Welt zu erweitern. Ich kam gut mit den neuen Verhältnissen zurecht. Diese Welt gefiel mir. Manchmal denke ich noch an damals und an das, was da geschah. Aber ich begreife es noch heute nicht wirklich. Nun denn, das Schicksal brachte mich in diese Welt und nun lebe ich hier.

Auch hier in dieser Welt ist mein Name "Wes" nicht ganz unbekannt, wenn auch weitaus weniger als damals in good old Texas.

- Ende -

2.12 Der alte Baum

Es war Frühlingszeit in einem unbekanntem Land. Sie war schön, diese rote Blume und sie erfreute sich ihres Lebens sehr. Sie räkelte sich an den warmen Sonnenstrahlen empor und wiegte sich im lauen Frühlingswind.

Die Bienen küssten sie und die Schmetterlinge streichelten sie so sanft, dass es ihr vorkam, wie der Hauch von Seidengras. Sie öffnete ihre Blüten und saugte die Energie ein, die das Land, die Welt, ihr gab. Sie war zufrieden und genoss jede Minute ihres Seins. Neben ihr stand eine alte Eiche, tief verwurzelt im Grunde. Die Eiche bemerkte die junge Blume und fragte sie, ob sie sich denn wohlfühlen würde. Die Blume ergoss sich in Euphorie und Lebensgefühl.

Da meinte die alte Eiche: „Recht so, kleine hübsche Blume. Mein Lebensalter ist sehr weit fortgeschritten, seit Jahrzehnten stehe ich hier und keine Biene küsst mich, kein Schmetterling streichelt mich, und auch mein Duft lockt kein Wesen an. Dennoch sah ich um mich herum Leben entstehen und vergehen. Auch wenn dein Leben als Blume eher kurz ist, so genieße die dir gegebene Zeit. Es ist egal, als was man existiert und wie lange, wichtig ist, dass man zufrieden ist und sich in seine Umwelt einfügt. Diese Freude spiegelt sich dann auf dich zurück, und vielleicht bist du auch eines Tages ein alter Baum , der über das Leben nachdenkt."

Die Blume schmiegte sich an seine rauhe Rinde, und der alte Baum wiegte sich erfreut im Winde.

- Ende -

2.13 **Der Strom des Lebens**

Träge floss das dunkle Wasser des Rio Grande durch das weite Tal. Er blickte auf das Wasser und dachte sich das wieder mal ein Jahr vorbei war. Jedes Jahr kam er an diesen Ort, in der Hoffnung, dass sich irgend etwas Bleibendes verändert hatte in seinem Leben.

Er schnippte seine selbstgedrehte in den Fluss und sah sie im Strom davon schwimmen. So wie die Zigarette wegfließt, kommen und gehen die Menschen im Leben.

Und der Rio Grande wird immer sein Lied singen, ein Lied vom Leben, von Bewegung, vom Kommen und Gehen.

Und bis in alle Ewigkeit wird keiner dieses Lied ändern können.

- Ende -

2.14 Ein Gedankenspiel des Jeremy Down

Er dachte an sie! Er dachte, wie sie auf einer grünen Wiese zusammen ausritten. Azurblau war der Himmel im Frühjahr von Kentucky. Leise spielte der Wind in den Zweigen der umgebenden Bäume. Man hörte rechts den Bach leise plätschern. Über den Bergen im Norden kamen ein paar Schleierwolken herüber, die einen lauen Wind brachten. Das Tal war warm und hell vom Sonnenlicht erfüllt. Am Himmel zog der einsame Jäger seine Kreise.

Jeremy Down war schon lange nicht mehr ausgeritten - und so stellte er sich gedanklich diesen Ritt halt vor. Viel zu lange hatte er sie nicht mehr gesehen. Er hatte Sehnsucht. Sehnsucht nach ihr und nach dem Frühling in Kentucky. Langsam schlurfte er zum Herd und goss sich einen Tee ein. Viele Male waren sie zusammen geritten, mal hier mal dort. Die Zeit verging, doch das Leben blieb. „Ein Traum", murmelte Jeremy. Aber war es wirklich nur ein Traum? Jeremy setzte sich in seinen Sessel und entspannte sich.

Sie ritten den seichten Hügel hinauf. Er sah ihr Haar im Wind wehen. Schön sah sie aus, wie eine Prinzessin auf ihrem Pferd. Er blickte in das Tal hinunter, dort, wo die großen Bisonherden einst grasten und in den Tag hineinlebten. Gemeinsam durch das Tal, oder war es das Leben? Jeremy öffnete seine Augen und erkannte, dass er sich wohl fühlte, sehr wohl. Immer, wenn er sie vermisste, stellte er sich sowas vor. Eine mentale Reise sozusagen, gemeinsam in seine Welt eintauchen. Sehnsucht - ja, das ist ein Gefühl, sagen viele! Doch sowas kann auch die Gedanken beflügeln. Jeremy wusste, eine Zeit des Wiedersehens würde kommen. Er wusste auch, der Frühling wird einkehren. So lächelte er vor sich hin und dachte sich nur, wohin er morgen mal mit ihr hinreiten wird , während draußen die Schneeflocken träge vor dem beschlagenen Fenster vorbeizogen...

- Ende -

2.15 Die Barbecue Soße

Also, um es kurz zu machen für heute, es gab Hühnerfleisch mit Soße.

Gourmets können jetzt weiter lesen:

Zum Fleisch gehe ich hier nicht näher ein, sondern auf diese fantastische und außergewöhnlich kreative Soße von mir.

Die Basis bildete ein Zweierpack gewöhnlicher Rouladen-Soße, die in einschlägigen Discountern für einen geringen Betrag erhältlich ist. Nachdem der Abfall fachgerecht entsorgt wurde, war die Soße auch schon fertig.

Doch das reichte mir nicht. Also beschloss ich, etwas Gyros-Würzer zu verwenden. Da ich zu der Gattung der bequemen Menschen gehöre, ließ ich das Pulver einfach nach Gefühl hinein rieseln.

Ich schmeckte ab... Nein, das war nicht das, was ich erwartet habe.

Das entsprach nicht meinen Vorstellungen, und so bekam diese - noch unbekannte - Soße ein Schuss Süßstoff verpasst. Ich schmeckte erneut ab... ja, das war schon besser, aber es fehlte noch etwas. Während ich eine Zigarette rauchte, bekam ich die beste Idee, die ich seit meiner Gourmet Phase hatte. Ich griff diese kleine unscheinbare Flasche aus dem Eisschrank und las das Etikett.

Dort stand: BARBECUE Sauce...passend zu allen Fleischgerichten...

Fantastisch, ich nahm gleich die halbe Flasche und schmeckte erneut ab. Hmm... Nochmal.... HMMM...
Ich war begeistert!

Ein Geschmack, wie das brennende Lagerfeuer im Abendrot!

Ein Duft, wie das verkohlte Stück Holz nach einem Waldbrand !Ein Bouquet, wie das Hickory Holz in Kentucky! Und ein Erlebnis, was mich wahrlich verzücken ließ!

Ich legte andächtig die dünnen Scheiben Hühnerfleisch in diese fast schon historische Soße. Mein Gefühl beim Verzehr am frühen Nachmittag kann ich gar nicht in Worte fassen. Es war wie... naja... wie... halt besser als alles andere, das nach 15 Minuten vorbei ist.

Ich schreibe dieses nieder, im Glauben daran, Euer Leben bereichert zu haben.

Selbst eine Barbecue Soße kann dafür verantwortlich sein, dass man für sich selber einen Tag erlebt, der im Kalender mindestens mal durch ein Kreuzchen dokumentiert werden sollte.

Wenn der Tag für Euch mies ist und Ihr schlechte Laune habt, so kocht diese Soße für Euch nach und Ihr werdet merken, was es bedeutet, gut zu leben.

Ach übrigens, wenn Ihr mal eine Soße seht die "Wesi's Paradise" heißt, so ist mein Patent angenommen worden.

“Smile"

- *Ende* -

2.16 **DAS VANILLE-EIS**

Es war wieder mal einer der Tage, an denen ich es vor lauter Lust am Leben nicht mehr Zuhause aushielt und beschloss, eine Eisdiele aufzusuchen. Ich entschied mich für eine mit mediterranem Ambiente, original schmeckt immer besser.

Es störte mich nicht weiter, dass der Besitzer ein Deutscher war. Ich setzte mich so hin, dass ich ein guten Überblick über das Lokal hatte. Vor allem die Richtung zu den jungen schwarzhaarigen Italienerinnen MUSSTE wegen des Blickkontakts frei sein. Ich war noch dabei, die Konturen ihrer Körper zu studieren als ich brutal aus meinen Gedanken gerissen wurde und eine Bestellung von mir verlangt wurde.

Nun, zur Bedienung gibt es nicht viel zu sagen, sie war unauffällig. Als ich das Vanille-Eis bekam, schaute ich es lange an. Diese ästhetischen Rundungen der Kugeln, wie ein Kunstwerk geformt. Diese leicht gelbliche Farbe, wie die Sonne in den frühen Morgenstunden. Die geometrische Anordnung der Eiskugeln - fast besser als die Pyramiden in Gizeh.

So langsam begann das Eis zu schmelzen. Ich dachte an die Gletscher in Kanada und an die Pole... die langsam abschmolzen. Ich roch an dem Eis und spürte den Duft der Vanille, der mich sofort an die Küsten des indischen Ozeans versetzte. Ich nahm den kleinen Spezial-Eislöffel und schob ihn in den Mund.

Meine Sinne spielten verrückt!

Ich ließ das halb geschmolzene Eis langsam den Gaumen herunterlaufen und verdrehte die Augen. Es war wie ein sexueller Höhepunkt, sodass ich auch leise stöhnte. Die Bedienung näherte sich mir und die anderen Girls kicherten leise. Ich verfärbte mich leicht und nickte der Bedienung zu.

Sie wusste jetzt, dass ich ein Genießer war, in jeder Hinsicht. Nach diesem Genuss der Extraklasse ging ich überaus befriedigt zum Auto zurück.

Ja, es war ein kulinarisches Erlebnis der Sonderklasse, was alle meine Sinne in Anspruch nahm, selbst die Italienerinnen wurden zu diesem Zeitpunkt unwichtig.

Meine Empfehlung an Euch:

ESST ÖFTER VANILLE-EIS!

Und genießt die Vielfalt der Sinne und damit auch das Leben.

- Ende -

3. Kapitel

Tierfabeln

Foto: Stephan Sauter (Im Zoo von Bismarck, North Dakota)

Diese Tierfabeln halten uns einen Spiegel vor Augen und sind voll von Wahrheiten.

3.1 Die Melodie des Lebens

Es gab mal eine Frau, die viel in ihrem Leben durchmachte und nun etwas ausgelaugt und einsam war. Sie beschloss, ihren Garten schön zu gestalten... so schön, dass viele Vögel zu ihr kamen.

Und so tat sie es. Sie setzte schöne Blumen und Büsche und machte alles so, dass es gefallen musste. Sie sagte auch allen Vögeln, die vorbei flogen, sie sollen den anderen Bescheid sagen. Nach einer Weile kamen die Vögel und setzten sich in ihren Garten... es kamen viele Vögel und jeder Vogel sang sein Lied.

Die Frau war froh und sie war nicht mehr so einsam. Sie hörte den Vögeln zu, wie sie sangen und trällerten. Eines Tages gefiel ihr mancher Gesang nicht mehr. Sie wurde ärgerlich, ja, wütend. Sie nahm große Steine und warf sie auf die Vögel, die nicht so sangen, wie sie es gern hören wollte. Die Steine waren jedoch zu groß und so traf sie auch andere Vögel damit und verletzte sie.

Die Vögel bekamen Angst und flogen davon. Sie saß jetzt in ihrem Garten, der verwüstet war. Alle Blumen waren kaputt und alle Wege ramponiert. Nur häßliche große, graue Steine zierten die Wege.

Sie schaute leer vor sich hin - als sie ein Rauschen hörte. Ein großer, weißer Adler schwebte in glänzendem Licht heran und landete neben ihr auf der Bank. Sie schaute dieses schöne Tier an.

Sie hörte wie durch Telepathie die Worte, die es sprach: „Liebe Frau, warum wirfst du Steine auf die Wesen, die du hierher holtest? Jeder Vogel kam von weit her und freute sich ein Platz zum Ausruhen zu haben. Jeder Vogel hat böse und gute Dinge in seinem Leben erlebt.

Und jeder Vogel singt sein eigenes Lied dazu.

Höre nicht auf die einzelnen Gesänge, sondern höre alles zusammen, denn dies ist die MELODIE DES LEBENS.

Jeder Vogel singt sie. Jeder Vogel muss sie singen, denn sie ist sein Erlebnis... sein Charakter. So höre ingesamt die Melodie der Vögel und genieße es, dass sie alle hier sind."

Der Adler spannte seine Flügel und flog in die helle Sonne zurück. Die Frau aber schmückte erneut ihren Garten und machte alles so wie vorher... nur noch schöner... noch besser.

Die Vögel kehrten zurück. Ja, alle kamen sie zurück und die Frau hörte nicht mehr auf jeden Einzelnen, wie er sang. Nein, sie hörte alle zusammen, der Gesang des Leids, der Gesang des Schmerzes, der Gesang der Hoffnung und des Glückes. Und jeder Vogel sang sein Lied.

Die Frau hörte ihnen lange zu. Es war eine wunderschöne Melodie, die sie vernahm. Sie wusste jetzt, dass alles, was die Vögel sangen, auch ihr Leben war.

Sie fühlte sich jetzt sehr gut und verstand, was der Adler meinte, als er von der MELODIE des LEBENS sprach. Ja, sie wusste es und sie liebte alle Vögel jetzt, egal was sie sangen.

- Ende -

3.2 **Flamingo Town**

Die kleine Stadt Flamingo Town lag im Süden der USA und wurde - wie die meisten Tage im Jahr - von vielen Besuchern gemocht. Dort gab es alles, von T-Shirts bis Jeans oder Taschen mit rosa Flamingo Aufdruck. Doch das große Geld lockte und man begann, die Flamingos nicht mehr als Attraktion zu sehen, sondern als Geschäft.

Es kamen Jäger heran, die sie schossen und andere stellten dann Souvenirs her. Billy Swan mochte die Flamingos und war täglich am See drüben vor dem Bergpass.

Er sah den Flamingos zu, wie sie sich gesellten, wie sie fraßen, wie sie das Leben genossen und zufrieden waren. Stundenlang saß er da und oftmals kamen sie ganz nahe zu ihm heran. Er hatte schon einigen von ihnen Namen gegeben und ja, es war seine Familie.

Billy war ein Waisenkind, man fand ihn eben an diesem See und nannte ihn daher den " Flamingo Boy ".

Es kam der Tag, als der arrogante Bürgermeister der Meinung war, eine Art Jagdparty zu veranstalten. Billy haßte Flamingo-Jäger! Er verscheuchte oft seine lieben Freunde, bevor die Jäger sie sahen. Er litt sehr und mit jedem toten Flamingo starb auch ein Teil von ihm.

Nun, die Jagdgruppe begann ihren Marsch in Richtung See. Billy rannte schon mal vor um alle aufzuscheuchen. Sie wussten schon, wenn er so herumläuft, droht Gefahr. Die Jagd war mehr ein Picknick und am Ende hatten sich alle zerstreut - ohne Erfolg gehabt zu haben.

Die Dämmerung kam sanft über das Tal und die letzten warmen Sonnenstrahlen streichelten sanft das Bergmassiv.

Der Bürgermeister der Town war bereits leicht angetrunken und war recht abseits des Weges, wie Billy beobachtete. Plötzlich hörte er den Schrei und sah einen riesigen Braunbären aus dem Gebüsch kommen. Bürgermeister Will Cannon konnte nichts tun. Sein Gewehr war mehr eine Hühnerflinte als für Bären ausgelegt. Er sah sich verloren, krisch um sein Leben - und Billy mochte es.

Es sah nicht gut aus und selbst Billy konnte nicht helfen. Dieser Tag würde kein guter Tag werden.

Doch das Schicksal meinte es anders...

Billy hörte nach links und stellte ein gewaltiges Rauschen fest. Er blickte genauer und traute seinen Augen nicht. Da kamen hunderte von Flamingos herbeigeflogen - es sah grossartig aus. Sie stürzten sich auf den Bären, sie spielten mit ihm, sie verwirrten ihn und er ließ vom Bürgermeister ab.

Todesmutig flatterten die Flamingos selbstlos durcheinander in einer rosa Wolke, bis der Bär floh. Billy hob die Arme und schrie laut: „Danke , danke, meine Freunde ".

Von der Seite ächzte Will Cannon leise: „Danke, ihr habt mir das Leben gerettet.."

Billy trat näher, einige Flamingos staksten um die kleine Gruppe herum und blinzelten die beiden an. Sie legten ihr Köpfchen schief und man hätte denken können, sie lächeln. Sie begannen genügsam zu fressen und manchmal hatte man das Gefühl, sie waren amüsiert. Will war sehr beeindruckt! Nie sah er diese stolzen Tiere so nahe, nie war er mitten unter ihnen! Er war fasziniert und zutiefst dankbar. Als Billy am nächsten Tag die Straße zum See entlang lief, sah er ein Schild: "Flamingos zu jagen ist unter Höchststrafe verboten - viel Spaß in Flamingo Town". Der Bügermeister war jetzt auch ein Freund der Flamingos.

Nie mehr wurde in Flamingo Town ein Tier dieser Art erlegt. Man baute gar das Biotop aus, damit sie es sehr schön haben und man schützte sie.

Denn keiner konnte es besser wissen - als Billy und der Bürgermeister:

Flamingos sind nicht nur schön, sondern auch stolz, mutig und nicht nachtragend.

- Ende -

3.3 Der Adler und das Erdhörnchen

Es war ein schöner Sommertag - irgendwo auf dieser Welt. Der Himmel strahlte azurblau und leichte Schleierwolken trieben lustlos umher. Dem Adler war langweilig und so beschloss er, sich mal den Boden aus der Nähe anzusehen.

Kritisch blickte er von dem kleinen Felsen herab und sah, wie die Erdhörnchen lustig spielten.

Schelmisch hüpfte ein Erdhörnchen an den Felsen und fragte den Adler: „Hey Adler spiel mit, es macht Spaß!" „Es macht Spaß?", fragte der Adler, „Dort im Dreck zu spielen und sich schmutzig zu machen, ein Spiel ohne Nutzen nur so zum Spaß? Fühlst du dich eigentlich wohl hier auf dem Boden? "

Verspielt blinzelte das Erdhörnchen den Adler an: „Ja, Adler das tut es. Ich habe kein Gefieder, was glänzen muß. Meinen Freunden ist es egal, ob ich voller Sand bin oder nicht. Wir leben hier am Boden, da hast du recht. Doch schau, auch wenn wir einen begrenzten Lebensraum erhalten haben, so sind wir dennoch in der Gemeinsamkeit hier glücklich, während du dort oben ziemlich allein bist. Du magst andere Gleichgesinnte dort oben treffen, aber versuche doch mal mit ihnen zu spielen. Es wird nicht funktionieren."

Der Adler spannte seine mächtigen Schwingen und öffnete seinen Schnabel. Das Erdhörnchen wusste, er hatte verstanden.

Elegant und präzise erhob er sich in den Himmel und fühlte sich auf einmal sehr merkwürdig.

Er war halt nun mal kein Erdhörnchen!

- Ende -

3.4 Der Adler und die Krähe

Bewundernd schaute die Krähe zum Adler, als er elegant und präzise neben ihr landete. Sie erfreute sich an seinem kontrastreichen Gefieder und an seinen starken Schwingen.

Traurig sagte sie zum Adler: „Ich möchte auch so sein wie DU, so schön, so stark und so erhaben." Der Adler legte den Kopf auf die Seite und blickte die Krähe lange an.

Dann sagte er: „Was du sein willst und was du wirklich bist, sind zwei verschiedene Dinge, liebe Krähe. Was du werden kannst, liegt bei dir allein. Erhebe dich in die Lüfte und kreise elegant am Himmel, lasse das Aas am Boden liegen und fange deine Beute mit Verstand und Genauigkeit.

Streite dich nicht mit den anderen Krähen um den kleinen Brocken stinkenden Fleisches, sondern erarbeite dir selber den Weg zum Erfolg."

Ab diesem Tage begleitete die Krähe den Adler täglich auf seinen Streifzügen und lernte schnell. Eines Tages saßen sie gemeinsam auf dem großen Felsen und schauten herunter zu dem Gekreische und Gezeter der Krähen am Boden, die sich mal wieder um den letzten Brocken Aas stritten.

Sie blickten sich an und der Adler sagte: „Es ist nicht wichtig, wie man aussieht, sondern was man tut."

Die Krähe wusste jetzt, was er meinte... und legte stolz den Kopf in den Nacken.

- Ende -

3.5 Der Fuchs und die Hasen

In einem Land weit, weit weg hinter dem Regenbogen spielten zwei junge Häschen auf einer Wiese. Es war eine schöne grüne Wiese und die Sonne schickte lachend ihre warmen Strahlen zu ihnen herunter. Sie waren sehr vergnügt und die Welt war in Ordnung.

Randahl der Fuchs beobachtete sie aus einem Gebüsch heraus. Langsam bewegte er sich auf die Wiese zu. Die Häschen bemerkten ihn und wollten ängstlich weglaufen. Randahl wusste, sie waren flink und viel schneller als er und so rief er ihnen zu: „Bleibt doch noch ihr Häschen. Der Tag ist so schön und ich freue mich doch, dass ich nicht allein bin."

Die Häschen zögerten und Randahl kam langsam näher.

„Lass uns lieber heim gehen" sagte das eine Häschen skeptisch. Das andere Häschen zwinkerte ihm zu und sagte: „Er sieht so nett aus und er ist allein - hören wir ihm doch mal zu. Er sucht vielleicht Freunde."

Randahl setzte sich und stemmte seine Läufe vor sich auf den Boden. Er legte den Kopf etwas schräg und lächelte die Häschen freundlich an: „Sehe ich denn so böse aus, so gefährlich? Ich sah euch spielen; ich bin einsam und allein." Er legte sich sogar jetzt auf den Boden und streckte seine Vorderbeine aus. Er sprach in ruhigem Ton von Freundschaft, Vertrauen und Ehrlichkeit.

Die Häschen kamen immer näher und wollten kein Wort von ihm überhören. Sie mochten ihn jetzt sogar. Als sie nun dicht bei ihm waren und er weiter über gemeinsame Dinge sprach und über gegenseitige Hilfe, legten sie sich zu ihm und lauschten seinen Worten. Sie schlossen die Augen und hörten seinen wohlklingenden Ausführungen zu.

Dann schlug der Fuchs zu...

Als der Fuchs lächelnd zurück in den Wald ging, sagte der alte Uhu vom Baum herab: „Randahl, wieder einmal hast du es geschafft, naive, leichtgläubige Häschen zu täuschen und zu blenden. Doch eines Tages wirst auch du alles zurückbekommen."

Randahl guckte böse zu ihm hoch und lief weiter.

Sir Geoffrey und Sir Winston saßen beim Schachspiel und tranken Tee. Sir Geoffrey blickte an die große Wand mit den ganzen Trophäen und sagte: „Mein lieber Sir Winston, ich sehe da ein schönes und edles Fuchsfell an der Wand. Ist das neu? "

Sir Winston grinste: „Ja, das ist einer meiner größten Herausforderungen gewesen. Diesen Fuchs jagte ich seit Jahren. Er war der Schlauste von allen und nur ein Trick brachte mir den Sieg." „Was für ein Trick? " murmelte Sir Geoffrey.

Sir Winston zog an seiner dicken Zigarre und lehnte sich in den schweren Ledersessel zurück: „Jahrelang jagte ich diesen Fuchs. Aber er kam nie so nahe, dass ich einen guten Schuss hatte. Da kam ich auf die Idee, meine Flinte als Spazierstock zu tarnen. Und so kam es, dass der Fuchs eines Tages in seiner Arroganz und Überheblichkeit nahe genug herankam."

Sir Winston grinste: „So findet jeder irgendwann seinen Meister" und sie lachten beide leise vor sich hin.

- Ende -

3.6 Die Tierkonferenz

Hoch im Norden, dort wo Phantasie und Wirklichkeit keine Rolle spielen, kamen alle Tiere des Zauberwaldes wieder einmal zusammen.

Der weise Waldkauz fragte nun: „So erzählt mal, was ihr erlebt habt ." Das Häschen hüpfte vergnügt umher und sprach von Liebe und Sehnsucht. „Liebe, Sehnsucht," brummelte der Wolf", wer braucht denn sowas, eine gute Beute ist eine Mahlzeit und das ist viel wichtiger für mich."

Das Häschen blickte ihn entsetzt an, doch es wusste, der Wolf würde hier nichts jagen. Der Bär sprach mit seiner dunklen Stimme: „Was ist das denn für ein Unfug, eine warme Höhle und ein Platz zum Schlafen, ist viel besser." Das Häschen konnte ihn nicht verstehen , wieso war ihm jetzt sowas wichtiger?

Gelangweilt spielte der Fuchs mit einem Fellbündel und meinte: „Ach ihr Faulpelze und Jäger auf die erfüllten Wünsche kommt es doch an." „Erfüllte Wünsche?", fragte das schüchterne Reh den Fuchs „was meinst du damit?" Der Fuchs lächelte und sagte: „Bequemlichkeit und List ersparen mir viel Arbeit" und er lachte süffig.

Die Elster kicherte und trällerte: „Gold, Silber alles was glänzt, das ist mein Leben, geht mir fort mit Liebe und Sehnsucht, dafür kann man sich nichts kaufen."

Der Waldkauz rückte seine Brille zurecht und räusperte sich.

„Was denkst du darüber Kätzchen, du bist neu bei uns, sage es uns." Das Kätzchen blickte den Wolf an, den Bären, die Elster und den Fuchs. „Das Leben zahlt immer zurück, was du nimmst, kannst du vielleicht nicht zurück geben, aber auch Geben ist eine Tugend.

Ich erkenne, dass ihr alle sehr persönliche Neigungen habt, doch auch ihr könnt alleine nie überleben, Ihr braucht die Gemeinschaft." Die Schlange zischte giftig: „Ich warte den passenden Augenblick ab und jage am liebsten die Tiere, die arglos und glücklich sind, denn sie sind leichte Beute für mich. Der Waldkauz sprach langsam aber bestimmt seine Worte: „Ich sehe auch sehr individuelle Interessen hier."

Die Eule blickte trist drein und bewegte hektisch ihre Augenlider. Nun spannte der Adler sein mächtiges Gefieder und erzählte etwas von Freiheit hoch oben in den Lüften, von Ruhe und Entspannug. Sicherlich wird es dem Wolf durch sein Wesen schlecht möglich, sein Liebe zu erwidern, dem Bären und der klauenden Elster auch, der sachliche Fuchs wird ebenfalls Schwierigkeiten damit haben.

Das bedeutet zwar nicht, dass sie sowas empfangen und genießen können, jedoch können sie es vom Wesen her nicht synchron erwidern. Der Adler setzte seine Prioritäten auch anders.

Die Schlange nutzt alle Schwächen aus, um zum Erfolg zu kommen. Das Häschen aber ist von der Art her, einfach anders eingestellt und kann mehr geben. Es ist vom ganzen Wesen eben sanfter und fröhlicher. Aber ist das nicht ein schöner Ausgleich, wenn das, was bei einem fehlt durch den anderen ergänzt wird?

Das Häschen denkt anders, spürt anders, empfindet anders, es versteht nicht, warum andere Tiere dies nicht auch so tun können. Doch im Grunde ist alles ganz einfach, ein Häschen ist nun mal kein Wolf oder Bär. Das Leben, die Umgebung prägt sie, ein Fuchs kann doch keine Liebe zeigen, seine List wäre nie erfolgreich. Ein Bär wird versagen, wenn er nicht stark bleibt. Der Wolf wird keine Beute machen, wenn er nachgiebig ist, und der Adler wird in Gefahr kommen, wenn er auf dem Boden sitzt und Geselligkeit sucht.

Die Elster kann ihrem Bedürfnis nie gerecht werden, ohne die glänzenden Werte. Die Schlange wäre schnell verloren, wenn sie offen auftreten würde.

Wie einer aufwächst, was er erlebt und was ihm widerfährt und wie er am besten durch das Leben kommt, wirkt sich sehr auf seinen Charakter und Handeln aus.

Jeder ist halt so, wie er ist. Es ist keine Schande so zu sein, denn es macht die Individualität jedes Einzelnen aus und damit jeden zum unikatem Wesen.

Was wäre die Welt so langweilig, wenn alle gleich wären.

- Ende -

3.7 **Die schwarze Katze**

Vor langer, langer Zeit fern ab in einem Land der Fabeln und Legenden lebte einst ein Zauberer. Er war ein Meister seine Fachs, er hatte immer eine schwarze Katze auf der Schulter sitzen.

Man erzählte sich im Dorf, die Katze war einst seine liebste Frau und Gemahlin, die unter einem bösen Zauber stand, der nicht gebrochen werden konnte. Eines Tages starb der Zauberer. Er fand nie einen Weg, diesen Fluch aufzuheben. Die Katze floh in die Wildnis und man sah nie wieder etwas von ihr.

Ein paar Jahre später beobachtete ein Waldläufer immer wieder eine schwarze Katze, wie sie nachts bei Vollmond auf dem nahen Hügel saß und in den Mond starrte.

Der Waldläufer hieß Billy Born und war noch in den Jahren ein junger Mann. Billy schaute jeden Abend auf den Hügel hinauf. Eines Tages saß die schwarze Katze auch dort, als kein Vollmond war. Er beschloss, sich ihr zu nähern, doch immer rannte sie davon. Er besorgte sich viele leckere Dinge, die Katzen mögen und legte sie am Abend für sie hin, oben auf dem Hügel.

Als er morgens nachsah, war immer alles gefressen worden. Das freute ihn sehr. Aber er verstand einfach nicht, warum sie immer weglief, wenn er sie streicheln wollte. Ja, er kam ja gar nicht erst in ihre Nähe.

So ging das einige Jahre! Die Katze wurde ein Teil seines Lebens. Eines Tages bekam er eine Idee. Er setzte sich einfach zu den ganzen leckeren Speisen, die er jeden Abend auslegte und wartete auf die Katze. Sie kam auch an jenem Abend.

Ganz langsam und vorsichtig kam sie an ihn heran. Er wagte kaum zu atmen, so fasziniert war er von dem Tier. Ein Fell wie Seide,

Bewegungen, wie zartes Laub im Wind. Er beobachtete weiter, blickte in zwei grüne, leuchtende Augen. Langsam kam sie näher und näher. Vorsichtig streckte er seine Hand aus. Sie leckte sie ihm zart ab. Nun konnte er sie auch streicheln und berühren.

So ging das Abend für Abend, bis sie eines Tages auf seine Schulter sprang und sich dort einschmuste. Billy war überglücklich und nahm sie bei sich auf. Er nahm sie in sein Zuhause und richtete ihr ein Körbchen ein und war für sie immer da. Eines Morgens wachte er auf - die Katze war verschwunden.

Voller Enttäuschung und Sehnsucht rannte er vor seine Blockhütte. Voller Schreck blieb er wie angewurzelt stehen. Dort stand eine wunderschöne Frau mit langen pechschwarzen Haaren vor ihm. Ihre Augen waren grün wie der Wald. Ihre Haut weiß, wie der Schnee und ihre Stimme, wie das Schnurren einer Katze.

Sie blickte ihn an und sagte: „Billy, der Zauber ist nun gebrochen, denn du und nur du hast erkannt, was ihn brechen konnte. Es war grenzenlose Liebe zu einem Wesen. Nie wusstest du von meinem Schicksal, aber du hast mich erlöst. Einst war ich die Frau, die ich jetzt bin. Aber der Zauberer, dessen Frau ich war, beachtete die Regeln nicht. Ich bin eine Fee, die er aus dem Land des Vergessens als Geschenk bekam. Es wurde ihm gesagt, dass nur eine Sache nötig ist, um mich als das zu behalten, was ich war. Er vergaß es und erkannte es nie wieder. So nahm mein Schicksal seinen Lauf. Selbst im Tode erkannte er nicht, worauf es ankam und so blieb ich als schwarze Katze, die ich war." Billy schaute sie lange und liebevoll an. Dann nahm er sie an die Hand. Sie gingen gemeinsam auf den Hügel und blickten in den Sonnenaufgang hinein.

Sie verwandelte sich nie wieder in eine schwarze Katze.

-Ende -

3.8 **Die Konversation**

Der Adler sah die Schwalbe nachdenklich an und fragte sie sanft: „Schwalbe, wieso ziehst du in den Süden, flüchtest du womöglich vor der Kälte im Winter?"

Die Schwalbe blickte ihn kess an und trällerte: „Adler, vor der Kälte zu flüchten oder sich den behaglichsten Platz zu suchen, sind zwei verschiedene Dinge."

Da meinte der Adler verständnisvoll: „Ich kann dich gut verstehen Schwalbe, du bist klein, schwach und deine Kraft ist begrenzt. Sicherlich scheust du den Konflikt vor der Kälte. Bedenke aber immer, mein liebe Schwalbe, dass der bequemste Weg dir keine Erfahrungen geben wird, die andere Vögel erhalten beim Überwintern."

Die Schwalbe zwinkerte ihn an und zwitscherte: „Jede Vogelart hat ihr eigenes inneres Wesen. Schwalben ist es eigen, die Wärme zu bevorzugen, anstatt die Kälte auszuhalten."

Der Adler verstand sehr gut, denn auch er hatte sein eigenes inneres Wesen.

- Ende -

Weisheiten und Erkenntnisse

... sind am besten, wenn man sie nicht von anderen erhält.

Wenn man sich nicht auf dem ausruht, was ein anderer Mensch in Form von Zitaten oder Sprüchen festgestellt oder vorgelegt hat, sondern, wenn man sich das Licht selber anzündet.

Wer bei Menschen eine Illusion erzeugt, muß diese vielleicht eines Tages korrigieren, schnell wird dann aus der Illusion eine Lüge.

Da ich keine Frau bin, fehlt mir emotionale Kompetenz...

Das Wesen eines Menschen, liegt in seinen Aussagen verborgen.

Ein Mensch, der schlau ist, tarnt sich nie mit Einfältigkeit, man wird ihm misstrauen...

Messe dich niemals mit einem anderen auf dessen Ebene, sondern führe ihn auf dein Niveau!

Worte, die heute ins Leere gehen, könnten morgen durchaus zutreffen.

Wenn die anderen das sagen, was man selber denkt , dann liegt man meist richtig!

Manche Leute wehren sich, indem sie Dreck um sich verteilen, weil sie genau wissen, dass ein sauberer Mensch ihnen dadurch nie zu nahe kommen würde.

Oftmals ist nicht die Lösung das Problem, sondern die Umsetzung davon.

Wer ständig seine guten Taten vorhält, präsentiert anderen seine Rechnung.

Möge man das Geschenk des Vergessens mehr schätzen.

Ermöglicht es dem Wesen doch, einige wiederkehrende Ereignisse auf ein Neues zu erleben, die im Laufe der Zeit verblassten.

Wer daran glaubt, die Sonne scheint nur für ihn allein, der sollte mal darüber nachdenken, ob in den Nächten Stillstand herrscht.

Jeder Mensch hat seine eigene Toleranzgrenze, die sich an der Sympathie des Entsprechenden orientiert.

Auch wenn das Wetter sich verändert, so scheint stets die gleiche Sonne am Himmel.

Täuschung und Illusion, Schläue und Raffinesse.
Nicht alles ist so wie es scheint...

Ich hoffe, Ihr hattet Spaß am Lesen und konntet Euch in eine Welt entführen lassen, die voller Abenteuer, Leid, Freude und Happy End besteht.

Euer Stephan "Wes" Sauter

Mai 2021